寄せ場のグルメ

中原一歩
ノンフィクションライター

潮出版社

寄せ場のグルメ

まえがき

日本の漫画史に燦然と輝く不朽の名作『あしたのジョー』(原作・高森朝雄、作画・ちばてつや)はこんな一文から始まる。

「東洋の大都会といわれるマンモス都市東京—その華やかな東京のかたすみに—ある…ほんのかたすみに—吹きすさぶ木枯らしのためにできた道端のほこりっぽい吹きだまりのような、あるいは川の流れがよどんで岸のすぼみに群れ集まる色あせた流木やごみくずのような、そんな町があるのを皆さんはご存じだろうか」

この「吹きだまり」はかつて「寄せ場《よせば》」と呼ばれた。寄せ場とは「日雇い労働者が集まる場所」という意で、都市を形成する繁華街の周縁に多く出現した。

寄せ場には、特定の住所を持たない労働者のための簡易宿泊所がひしめき「ドヤ」と呼ばれた。ドヤとは「ヤド(宿)」をひっくり返した造語で、寄せ場にはドヤ以外にも労働者の腹を満たし、俗世の鬱憤を晴らすための安食堂や大衆酒場が軒を連ねた。

本書『寄せ場のグルメ』は、こうした日本各地の労働者に愛された味を訪ねる旅だと思っていただいて構わない。

しかし、かつてと書いたように、寄せ場の風景は戦後、昭和、平成、令和という時代を経て、大きく様変わりした。

日雇い労働者に取って代わって寄せ場の主役となりつつあるのが外国人労働者だ。かつて寄せ場は都市に移住してきた地方出身者のたまり場だったが、今ではとどまることを知らないグローバル経済の坩堝《るつぼ》と化しているのだ。

ただ変わらない風景もある。寄せ場名物の「焼肉」や「ホルモン焼き」の煙に混じって、「ケバブ」や「ラムの串焼き」など強烈な香辛料の臭いが漂う路地にも、ど派手な風俗店の看板が、モザイク模様を描いて林立している。つまり、寄せ場は人間のあらゆる欲求を本能的にむき出しにさせ、「食」と地続きで都市に生きる人間の「生」を作りあげている現場なのだ。これほど「食」と「性」という行為が、人間の「生」の基本であることを、何一つ飾らずに、あっけらかんと見せてくれる空間はない。

なぜ、私は寄せ場にこだわり、飲み食いをしてきたかというと、私自身がこの場所を寝床としていた時期があるからだ。

今から遡ること二十数年――。

当時、私は自分の体に染み付いた、ある「臭い」がたまらなく嫌だった。十六歳の私は九州の福岡にある一軒のラーメン屋台に住み込みで働いていた。この場所に身を寄せていたのには理由がある。

前年、父が経営する薬局が倒産。世に言う「夜逃げ」を経験した。進路をめぐって父と折り合いが悪く、夜逃げの途中で大喧嘩をする羽目に。そして、私は家出を決意する。正確には、その時点ですでに飛び出す家そのものがなかったが。

両親と離別した直後は、地元の友人宅を転々としたが、手持ちの現金が尽きたことで、仕事探しを余儀なくされた。そこで目指したのが九州最大の繁華街・中洲を有する「博多」だった。

しかし、仕事探しは容易ではなかった。なんとか求人情報にたどり着いたとしても、身元を保証する住所も連絡先もない。全て書類面接で不合格とされ、面接にさえたどり着くことができなかった。インターネットはもちろん、スマートフォンもない時代の話だ。

家出をして数カ月。いよいよ、手持ちの現金が底をついてしまう。途方にくれた私は、終電が走り去ってがらんどうとした博多駅の構内に、ヘタヘタと突っ伏してしまっていた。

「坊主、仕事ないのか？」

見知らぬ大人の男性に声をかけられたのは、明け方近くだった。その男性は一目で私を「ホームレス」と見抜いたのだろう。しかし、肝心のやりとりの記憶は、それ以上覚えていない。気がつけば、その男性が運転する軽トラックの助手席に座らせられ、繁華街からは正反対の海の近くにあるプレハブのような建物に案内された。恐怖心はなかった。

到着するなり食事の世話をされた。

「さあ、これを食え」

そう言わんばかりに、無言で差し出されたのは一杯のラーメンだった。そこは宿舎を併設した、ラーメン屋台のバックヤードで、スープを炊く専用の工場だった。九州のラーメンは豚の骨でとった白濁した豚骨スープが主流だ。無我夢中で、口の中をやけどしながら噎《む》せるようにして食べたラーメンの味は、今でも忘れることができない。

かくして私はこの屋台で働くことになる。仕事は想像以上の重労働だった。出勤は昼の三時。指定の場所に屋台を移動し組み立てる。暖簾が上がるのは夕方五時。そこから観光客を中心に、隣接した魚市場で働く労働者を相手に、真夜中までぶっ通しの営業が始まる。暖簾を仕舞うのは午前三時。そこから屋台を片付け、宿舎に戻ってその日の仕込みを終え、寝床で横になるのは朝七時。こうして長い一日が終わる。

奇妙な慣習があった。この屋台では、年下でも、一日でも先に入った者が「先輩」だった。当時、私は十六歳で一番年下だったが、私の後輩に四十過ぎの中年男性がいて、彼は私を「兄さん」と呼んだ。

私の仕事は接客ではなく、火の番だった。豚骨ラーメンは「ゲンコツ」と呼ばれる豚の大腿骨を水から強火で炊き上げたもので、水分が蒸発するにつれ、豚の脂（ラード）がスープの上層に溜まる。これを手作業で丹念に取り除くのだが、店の終わりに、その日に使用したドラムカン大の巨大な寸胴を洗う作業が日課だった。

「あとは頼むぞ」

店が終わると、先輩らはそれだけ言い残して歓楽街に消えてゆく。私と残された四十路男とでその寸胴を洗うのだが、鍋肌にラードの脂かすがこびりついた寸胴は、熱湯と業務用洗剤の原液でなければ洗い落とすことができない。夏場はたまらず、上半身裸になり、寸胴を寝かせ、半分、頭を突っ込む格好で格闘した。強烈な豚臭と汗が混じりあった刺激臭が鼻をつく。寸胴を洗い終わるのは夜明け過ぎ。東の空に昇った朝陽が妙に清々しく感じられたものだ。

この頃、私の掌は劇薬のような洗剤を素手で触るからなのか、真っ赤に腫れ上がり、その表面は象の皮膚のように乾燥し、ザラザラしていた。

そして、繰り返し風呂に入っても、体にこびりついたあのラード臭は消えることがなかった。当然、異性にモテることはなく、思春期の無垢な青年に豚骨の洗礼はあまりにも残酷だった。

私が遭遇した初めての「寄せ場のグルメ」はラーメンだった。なにしろ、一日二食のまかないはすべてラーメン。ラーメンだけは「替玉」が許されていて、いくらでもおかわりができた。屋台で過ごした三年間で、一生分のラーメンを胃袋に流し込んだ。よく体を壊さなかったと思う。

唯一の楽しみが、屋台の先輩がたまに作ってくれるカレーだった。カレーといっても、豚骨スープの残りに市販のルーを放り込んで煮ただけ。これを白米にたっぷりとかけ、ネギと紅生姜、最後に生卵を落とし、豪快にかき混ぜて頬張るのだ。育ち盛りの若者には、豚の旨みが凝縮されたカレーは震える旨さだった。

博多の屋台は「寄せ場」でこそなかったが、その空間そのものが「寄せ場的」だった。私以外の従業員も、私同様、何らかの事情を抱えて、この場所に流れ着いた根無し草だったが、それ以上、誰も個人の出自や境遇について詮索する者はいなかった。

この屋台での生活を通じて、私は「食べるという行為は、食べる喜びと同時に食べなくては生きていけない辛《つら》さを内包している」ことを全身で知ることになる。

本著はある意味で食べ歩きのガイドブックではある。しかし、ミシュランのような単なる美食を消費するための情報ではない。その土地に生きる人々の営みや歴史によって産み出され、長い年月をかけて洗練された食い物の現場に足を運んだ記録である。読んでから食べてもよし、食べてから読んでもよし。ただ、はっきりしているのはコロナをきっかけに本書で紹介したいくつかの店舗が閉店してしまったように、この味を経験できる時間はもう、それほど長くないということだ。

それでは、まずは東京最大の寄せ場である「山谷《さんや》」に足を踏み入れるとしよう。

寄せ場のグルメ　目次

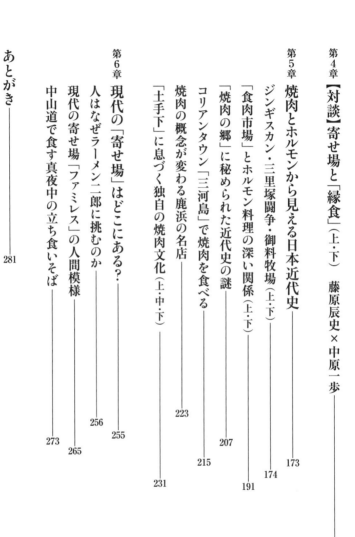

本書は、月刊『潮』二〇一九年八月号から二〇二二年八月号にかけて連載された「寄せ場のグルメ」に加筆修正したうえで再構成したものです。

第1章 東京最大の寄せ場「山谷」を歩く

簡易宿泊所が並ぶ山谷の街並み。遠方に東京スカイツリーが見える

東京最大の寄せ場「山谷」を歩く（上）

足元を見れば素性が知れる

東京最大の寄せ場である「山谷」への最寄り駅は、営団地下鉄・日比谷線、JR東日本・常磐線の「南千住《みなみせんじゅ》駅」である。二〇〇五年には、つくばエクスプレスも加わり、現在は三線が乗り入れる駅となり、乗降客には都心で働くサラリーマンやOLなど堅気の人の姿も多く見られるようになった。駅の正面には「ブランズタワー南千住」という地上二九階建てのタワーマンションがそびえている。二〇一〇年一月に建設されたこのタワマンの存在が、町の景観だけでなく南千住という地名が背負う、歴史的な文脈を一新したと地元で不動産業を営む男性（73）は教えてくれた。

「南千住はドヤ街の入り口というイメージが東京の人にはありました。それほど山谷は強烈だったんです。昭和の時代は駅を降りると昼間から真っ赤な顔をした日雇い労働者が、道端で小便を垂らしたまま寝ていたものです。それが普通だった。何しろ東京で最も早く建設されたタワマン（当時は億ションと呼ばれた）が分譲された際、最寄り駅にもかかわらず建物の名前に南千住の地名が使われなかったんです」

その曰く付きのタワマンこそ隅田川沿いの「アクロシティ」。バブル崩壊直後の一九九〇年か

玄関に鉄格子がはめられた「大林酒場」

ら一九九二年にかけて「都市で快適に暮らすということ」をテーマに建設された総戸数六六二戸、四階建ての低層棟から三二階建てのタワーまで七棟が並ぶビッグコミュニティーだ。確かに当時のパンフレットには、マンション名に住所の「南千住」の文字はない。そればかりか、最寄り駅の表記は、明らかに南千住駅よりも遠い、隣町の「三ノ輪《みのわ》駅」がわざわざ記載されていた。

後にこの「アクロシティ」は、一九九五年に当時の警察庁長官・國松孝次氏が何者かによって狙撃される「警察庁長官狙撃事件」の舞台として、一躍その名前が全国に知られることになる。

前出の男性はこう続ける。

「南千住は、山谷という寄せ場と一体化していて、事実、治安が悪かった。夜間の女性の一人歩きなど考えられませんでした。それが近年、駅から徒歩一分の場所に近代的で万全のセキュリティーを売り文句にした近代的なタワマンが建ったんです。誰がこんな場所に大枚叩いてマンションを買うのだろうと地元では噂をしていましたが、都心で働く四十代が中心だというんです。日雇い労働者も年々、高齢化によって姿を消していますし、歴史は風化するということなんでしょうか」

私がこの街に初めて足を踏み入れたのはバブル崩壊直後の一九九〇年代である。当時の南千住駅は昼間といえども決して明るい駅ではなかった。構内も薄暗く、接触不良なのか点滅やちらつきを繰り返す蛍光灯が、不気味な風情を漂わせていた。

そこから二〇数年かけて、定期的にこの町を歩いてきた。当時、すでに山谷は斜陽に向かっていたが、明らかに東京の他所の町にはない、人間の饐《す》えた臭いがそこらじゅうにプンプンする強烈な街だった。だからこそ無性に惹きつけられたのだ。

山谷にはドヤ（簡易宿泊所）以外にも、この地域でしか通用しない隠語や符丁があった。野宿をする路上生活者は「アオカン」と呼ばれ、その多くが酔っ払いで「モガキ」のカモなんだという。これは酔っ払いなど無抵抗な者を狙って金品を奪う行為で、物取りに囲まれた被害者が、本能的に身体をもがく動作から名付けられた。路上に寝ている者の介抱を装って財布などを抜き取る「介抱ドロ」なども「モガキ」に含まれると、知り合った地元の人に教わった。

そんな巨大なタワマンの対面には時間が止まったようにひっそりした商店街があった。タワマンと商店街を隔てるのが「コツ通り」。この「コツ」とは、江戸時代、この一帯が大和田（八王子）、鈴ヶ森（大森）と共に、幕府直轄の三大刑場と呼ばれた「小塚原《こづかっぱら》刑場」の跡地であることに由来する。

コツ通りに面し、この刑場で斬首された罪人の菩提を弔う「回向院《えこういん》」を右手に見ながら進むと、南千住駅と山谷をつなぐ歩道橋にぶつかる。階段を上ると視界が一気に開け、真正面に威風堂々たつ東京スカイツリーがお目見えする。

私はこの場所を「下町のボンヌッフ」と私は勝手に呼んでいる。この橋を行き来する人の大半は痩せ型でトボトボと歩く中高年の男性だ。その足元は靴底が擦り切れ、クタクタになった安物の運動靴か、いわゆる便所履きと呼ばれるヘップサンダルだった。運動靴は現役の労働者。サンダルは近所のドヤで余生を暮らしフクシ（生活保護）を受給しているリタイヤ組だ。この町では足元を見れば素性が知れるのだ。

橋の下には一八九七年頃から活躍する貨物の引き込み線が走っていて、撮り鉄の溜まり場になっている。パリのセーヌ川にかかる橋になぞらえるには程遠い風情だが、この歩道橋から仰ぐ下町の空はどこまでも広く、橋を行き交う人の人生模様をあれこれ想像するだけで日が暮れる。山谷の空を巨大なスカイツリーが覆ったのは二〇一二年のことだった。

忽然と消えた「山谷」という地名

ここで山谷という地名のルーツについて記しておかねばなるまい。そもそも「山谷」という地名は現代の地図のどこにも見当たらない。現代の、と書いたのは、今から遡ること三百有余年。江戸初期には「浅草山谷町」という歴とした町名があった。その由来は、同地域が隅田川の中流域に広がる、浅茅が生える荒野だったことに関係する。そこに人家がポツ、ポツと三軒あったというのだ。この「三家」が転じて「山谷」となった説が有力だ。その後、関東大震災後の復興事業に伴う区画整理で、山谷は「浅草山谷」と生まれ変わり、区域を拡大する。しかし、一九六六年、この江戸の歴史を伝える名前は忽然と消えることになる。

直接のきっかけは一九六四年に開催された東京五輪である。高度経済成長に伴うスポーツの祭典は、江戸古来の東京の物流と街の姿を変える決定打となった。都は東京を縦横無尽に流れていた河川、水路を埋め立て、新たに道路を造成。日本橋にある日本橋川の川の上を、首都高速道路が塞いだのもこの時だった。すでに廃れていたが日本の物流が水運から、鉄道や高速道路を中心とした陸運へと変わる転機となった。これによって、江戸由来の地名が一掃されることになる。浅草山谷も例外ではなく、同地域は「台東区清川と日本堤。橋場と東浅草の一部、さらには荒川区南千住の一部」に編入され、山谷という地名は地図から忽然と消えたのだった。

一方の山谷は東京五輪を頂点に賑わいを極めていた。一九五〇年代から一九六〇年代にかけて、この一・六六平方キロメートルの猫の額ほどのわずかな地域に、一万五〇〇〇人を超える日雇い労働者が暮らしていた。当時、この地域の定住人口は三万五〇〇〇人だったので、街の住人の半数近くが日雇い労働者、つまり定住する先のない孤独な浮浪者だった。

山谷周辺の簡易宿泊施設をまとめる「城北旅館組合」の帰山哲男さんは、東京五輪など日本の高度経済成長の根底を担った労働者が、この町には居住していて、多少荒っぽかったが、当時は活気に溢れた町だったと振り返り、こう書き残している。

「早朝、大通りいっぱいに、それぞれの現場に出掛ける労働者が迎えの車を待つ。その人達のために、食堂などの店が朝早くから開き、美味しそうな匂いや湯気があちこちから漂う。昼間は一旦静かになるものの、夕方からはまた、帰って来た労働者で町は騒ぎ、酒の匂いと喧噪に包まれる。地方から出稼ぎに来ている人達、定住の人達、その頃は多くの人達が将来に夢と希望を持って頑張っていた」

この町の人々は今でも山谷の一文字をもじって、自分たちが暮らす町を親しみを込めて「ヤマ」と呼ぶ。写真家・多田裕美子さんは、自著『山谷 ヤマの男』の冒頭でこう書いている。

「山のように高くそびえ建つ高層ビルの仕事に従事してきた日雇い労働者の街には、この『ヤマ』

という響きがとてもしっくりくる。男たちは皮肉まじりに捨て台詞で言うのだが、その響きの奥に、山谷という街への情愛を、ちょっとだけ私は感じる」

そうした日雇い労働者がこよなく愛したのが「食堂」と「酒場」だ。前者は腹を満たし、後者は心を満たす空間だ。決して銀座や六本木など都心の繁華街にある「居酒屋」や「小料理屋」ではないことを付け加えておく。

玄関に鉄格子がはめられた酒場

コツ通りの延長として山谷を南北に貫くのが吉野通り。古くは江戸五街道のひとつで奥州街道と呼ばれた。地域では「山谷通り」で通っている。この吉野通りと明治通りの交差する場所にあるのが「泪橋《なみだばし》」である。何とも艶のある名前ではないか。江戸から明治にかけて、この場所には小塚原刑場で斬首される罪人が、今生の別れで渡る「思川」という川に架かる橋があり、そう呼ばれていたのだ。

この泪橋を横目に山谷通りを進むと明らかに現在も周囲に異彩を放つ一軒の酒場にたどり着く。その名前を「大林酒場《おおばやし》」と呼ぶ。その屋号を聞けば、東京の酒飲みの先達であれば「あの大林」と膝を打つ人もいるかもしれない。

私が初めて暖簾をくぐったのは、ある夏の夕暮れだった。といっても、山谷に足を踏み入れたその日から、この酒場のことはずっと気になっていた。一度、その店の前を通ったら忘れることができないからだ。何しろ門構えが強烈だ。暖簾が降りていない時は、玄関に鉄格子がはめられていて、錠前がかまされている始末。ここが客商売をする酒場とは思えない。

繰り返しになってしまうが、山谷のとくに酒場は、大衆酒場であることは間違いないが、例えば都心の雑踏に存在する焼鳥屋やおでん屋とは、月とスッポンほどの違いがある。それら都心の酒場は、たとえ店を切り盛りする主人が偏屈で頑なな人物であっても、客を拒むようなことはしない。けれども、山谷は違う。そもそも大衆酒場の代名詞でもある破れかかった赤提灯や、酒の臭いが染み込んだ縄のれんなど目印がない。外から中の様子を窺うことはおろか、どの店も客の訪問をまるで拒むかのように、どの間口もピシャリと閉められている。

私にとって致命的だったのは酒場を取材するのに下戸だったことだ。正直に告白すると、博多の屋台時代に、一生分の酒を飲んで体を壊してしまったのだ。それでも大林に入店できたのは、この町で知り合った「エグチ」という名前の初老の男性のおかげである。エグチと知り合ったのも、あの下町のボンヌッフの上だった。二〇〇八年のことだ。ある雑誌にこの町のことを寄稿するため、私はいつもの場所で人間観察に勤しんでいた。

この町の住人で最も多いのは建設現場で働く土建業者だった。けれども、それは職業人としてで、その素顔は地方出身の季節労働者。借金から逃げ回る男、元詐欺師、元やくざ、現役の博打打ちなど複雑だった。身なりから職業は想像がついても、その人間の素顔や履歴は不明で、第三者の伝聞に頼るしか確認する方法がない。かく言う私も取材者であることを隠して、半ば、この町に「潜入」していた。

エグチは元教師だと言った。年の頃は還暦を過ぎた頃だと思われた。というのも、この町は匿名性が高く、そもそもその、苗字さえも偽名かもしれなかった。ただ、元国語教師というだけあって小説が好きで、いつも色褪せた文庫本を持ち歩いていた。エグチの身なりは清潔で、外出時には白髪混じりの髪がいつも整えられていた。例の足元で素性が分かる、と教えてくれたのも実は彼だった。

群衆の中の孤独――「大林酒場」

そんなエグチに連れられて「大林酒場」の暖簾をくぐった。ガラガラッと引き戸を開けると、あの鉄格子の門構えからは想像ができない清潔な世界が広がっていた。冷房が入っているわけではないのに、冷んやりとした空気を感じるのは、床が土間だからだ。店の中央には、それは見事な一枚板で造られたコの字型のカウンターが設えられていて、手入れが行き届いた神棚がある。数人の先約がいたが、いずれも個人客だった。

目が泳いでいると、カウンターの奥からただならぬ強烈な視線を感じた。見ると、こちらを睨みつける仏頂面の主人と思しきオヤジがいた。歳の頃は七十過ぎだろうか。まるで値踏みをされるかのように、オヤジの視線が私の全身をなぞった。断固としてオヤジは視線を逸らさなかった。慣れたエグチは自分の定位置らしき席についた。私も隣の席にすべり込む。椅子は木製の背もたれのない丸椅子だった。

「ビール」

エグチがそう告げると、間髪入れずにキンキンに冷えたエビスビールの大瓶とグラスが運ばれてきた。客が注文した酒の数はオヤジがチョークでカウンターの内側に印をつけてゆく。私は飲めないので目一杯、泡を注いだ。覚悟を決めて、ゴクリと一杯やると、それまで視界に入っていなかった眼前の世界が見えるようになった。正面の壁にはびっしりと手書きのお品書きが張り出してある。しかも、そのお品書きは寸分の狂いもない等間隔で貼られている。このオヤジはよっぽど几帳面なのだろう。

「冷奴三〇〇円」「おひたし二二〇円」「いかフライ四〇〇円」に交じって「煮こごり三八〇円」「どぜう汁四四〇円」「いわし酢物三六〇円」。

気の利いたアテに交じって味醂と焼酎を半々で割った「本直し」「合成清酒」「焼酎のミルク割」など、見聞きしたことのない品書きもあった。結局、この日の滞在時間は二〇分弱。ビール一本と数品のアテで一三〇〇円程度のお勘定だった。一人七〇〇円の計算になる。驚いたのは、店に入ってから出るまで、主人はおろか、同伴のエグチとも一言も会話を交わさなかったことだ。店内はただただピンと張りつめた静寂だけが支配していた。

「常連でも、何回通っても、主人と話したことなんてない。なんとも素っ気ない店なんだけど、この町に暮らす身としては居心地がいい。あのオヤジも無愛想に見えて、カウンターで微睡んでしまう客がいても、起こすどころかしばらく放っておいてくれる」

エグチの話を聞いていると「群衆の中の孤独」という言葉を思い出した。そもそも、田舎に比べて都市は他人には干渉しない場所だ。その象徴が一人で酒を飲める都市の酒場だった。素性を明かす必要のないこうした酒場には、純粋に酔いだけを求める人がやってくる。かつては都心にも、このような酒場が確かにあったが、今や風前の灯だ。

実は大林には、この店で飲むための厳格な掟がある。「ケータイ電話、カメラは禁止」「大人数での入店は不可」「酔っ払いも不可」「大声厳禁」。いずれのひとつにでも当てはまる客は、あのオヤジが黙ってはいない。

実はこの「大林酒場」の掟の誕生の背景には、山谷のとある史実が深く関わっているのだ――。

「丸千葉」のコの字カウンター

東京最大の寄せ場「山谷」を歩く（中）

「大林酒場」とマンモス交番

　ある夏の午後。私は口開けの大林酒場のカウンターに陣取っていた。外は灼熱の炎天下。蝉の声がジリジリと迫ってくる。こんな日は、元来、下戸の私でもキンキンに冷えたレモンサワーが恋しくなる。レモンの風味と強炭酸のサワーとが、スーッと喉を伝って胃袋に落ちる爽快感ったらない。店にはクーラーはなく、中庭の窓が半分ほど開け放たれているだけだ。時折、表通りのうだるような熱風とは違う、少し冷んやりとした涼風がツーッと入ってきては、ハラリと壁の品書きを揺らす。それをぼんやり眺めながらまどろむのが実にいい。

　アテは「新銀杏」。殻がついた銀杏を煎ったものは店の定番だ。枝から直接、いだ新銀杏は、秋が深まる頃、熟れて地上に落ちた黄色い銀杏と違って、目の覚めるような翡翠色をしている。粗塩をちょこんとつけて齧《かじ》ると瑞々しく、嫩《わか》い味がした。カウンターには朝顔の団扇がさりげなく置かれている。左手に団扇、右手にサワー。晩夏。ゆるりと至福の時間が流れてゆく。

　そんな時だった。渋谷、原宿あたりにいそうな若い男女が、ケータイ片手に店に入ってきた。ちょいと一杯、近くの立ち飲み屋でもひっかけてきたのだろう。二人とも赤ら顔をしていて、やや声が大きい。

「二人ですけど、いいですかぁー」

その無邪気な声が、この酒場を酒場たらしめている何かを壊した。張り詰めていた糸がプツリと切れる音がした。間髪入れずにオヤジが動く。

「いっぱいだ。ダメだ」

店には常連と思しき初老の男性が一人、それに私。明らかにガラガラだ。いらっしゃい、も口にしない主人の不遜な態度に、二人は鳩が豆鉄砲を食らったような顔をして立ち尽くした。

「空いているじゃないですか。ダメなんですか――」

男性以上に気が強そうな女性が、そう畳み掛ける。けれども、抵抗をしたところでオヤジのジャッジは覆らない。二人はスゴスゴと引き上げていってしまった。実はこんなやりとりを、私は度々、目撃している。そして、その度に私は心の中でこう呟くのだった。

若人よ、顔を洗って出直してこい、と。それは二〇年前、この町に興味本位で足を踏み入れた私自身への言葉でもある。

大林酒場の隣に町のランドマークがある。ここをランドマークと呼ぶか否かは、この町をどの角度から眺めるかで分かれるところだが、確かにここが〝山谷〟の中心だった時代があった。かつて、そのランドマークは「マンモス交番」と呼ばれていた。この名称は山谷に限らず、新宿や銀座などの繁華街にもあり、その正体は警視庁管轄の交番のことである。ただし、交番といえば電話ボックスの形をした窮屈な建物だが、マンモスという別称で呼ばれるくらいだから、交番でも異様に大きいという意味で使われる。

なぜ、山谷にマンモス交番は誕生したのか。高度経済成長のとば口にあった一九六〇年元旦、およそ五〇〇人のドヤの住人が警官ともみ合いになる騒動が発生する。警察が酔った労働者を取り締まろうとしたのが発端だった。

機動隊に追われた労働者が逃げ込む店

山谷の日雇い労働者は、手配師と呼ばれる斡旋業者に紹介された土木や港湾の仕事で暮らしをつないでいる。しかし、仕事を斡旋した手配師に報酬の二割から三割をピンハネされるため、手元に残るのは数千円だ。このなけなしのカネは、その日のうちに酒やタバコ、パチンコに消える。

労働者の暴動は正月に集中する。多くの日本人にとって年末年始は、故郷に帰省し、家族と正月を迎えるハレの日だ。しかし、帰る場所や家族もない宿無しにとっては、普段にも増して孤独を実感する試練の日々となる。現場仕事は松の内までない。日銭が稼げなければドヤに泊まることも、食事にありつくこともできない。真冬の路上で行き倒れる人もいる。寄せ場の労働者が年末年始の休日を生き延びるための闘争は「越年闘争」と呼ばれている。

こうした労働者の境遇に目をつけたのが左翼活動家だった。労働者の権力への不満を利用し、山谷を革命闘争の根城にしようと計画。折しも永田町では六〇年安保闘争の真っ只中。「アンポハンタイ」を合言葉に、学生や左翼活動家などの群衆が国会議事堂を取り囲んでいた。この年、活動家や労働者の暴動に対峙するため誕生したのがマンモス交番だった。その後、都心でのデモ隊は沈圧され姿を消すが、居場所を失った活動家は山谷を根城に暴動やデモを繰り返すようになる。警察は機動隊を動員。労働者は投石でこれに応戦した。

当時、山谷では「ポリコウ（警察官）」「アサケイ（山谷を管轄する浅草警察署）」「マンモス（マンモス交番）」が権力の代名詞だった。そして、マンモス交番の隣にある大林酒場には、機動隊に追われた労働者らが、何人も店の裏に逃げ込んだという。あの玄関の鉄格子には、そんな山谷の暴動から店を守るものだったのだ。

山谷に限らず、横浜・寿や大阪・釜ヶ崎などの寄せ場には「泥酔保護」という警察用語が存在する。これは歴とした警察官職務執行法第三条に規定された警察官の職務行為のひとつで、泥酔や錯乱者の保護を主目的としている。時にこの特権は警察に濫用される場合もあるのだが、寄せ場と酒は切っても切り離せない。酒といっても合成酒がほとんどで、二級酒を一級酒とごまかして売る店や、水を混ぜて売った店もあったそうだ。酒を飲めば人生を悔恨し、泣き、絡み、暴れ、泥酔し、他人に迷惑をかける。酒を売りにする酒場では、こうなると商売あがったりだ。

実は大林酒場の掟として「酒に酔った者の入店お断り」というのがある。若いあの男女が入店を拒否された直接の理由もこれだ。ほかにも「複数人での入店は禁止」「私語禁止」「写真撮影禁止」などがある。これらは全て、山谷の歴史と土地柄を反映したものだ。

大林酒場は今日に至るまで、取材という取材を全て拒否してきたことでも知られている。私も過去に幾度となく取材依頼をしているが、けんもほろろに断られ続けてきた。それでも、通い続けているうちに、あの偏屈なオヤジが守りたいものが理解できたような気がしている。それは「誰もが孤独に酒を飲む自由」だ。そのためには店という空間には秩序がなければならない。そして、主人と客との関係性もまた、一線があってしかるべきなのだ。それは山谷で商売をやるための処世術でもある。

町歩きの達人である文芸評論家・川本三郎氏は、著書『雑踏の社会学』の中で、都市のいちばんの良さは「無関心」ではないかと書いている。

「他人のことなどまったく気にかけない無関心があるからこそプライバシーも保てる。群衆の中の孤独である。だから酒場でいちばんいいサービスは無関心なのである。十回通っても二十回通っても、客と店がビジネスライクな、いい意味の冷たい関係にある、そういう店が最高の酒場ではないかと私は思っている」

私は、一度だけあのオヤジと会話らしい会話を交わしたことがある。下戸にとって、山谷の酒場は取材するにもハードルが高い。ビールといえば今では珍しい大瓶、チューハイは並々と大ジョッキに注がれる。そして、どの店もそれらを全て飲み干さなければ、店を出ることが許されない雰囲気があった。しかし、その日は体調が優れず、アルコールを体に入れるのが取材と割り切っても困難だった。そんな時、オヤジが何かを察知したのかこう話しかけてきた。

「無理やり飲まなくていいんだ。サイダーでも水でもコップに入れて、握りしめていたら、それらしく見えるから、それでいい」

私が下戸であることをオヤジはお見通しだった。怒られると思いきや、意外とこのオヤジは優しいのだ。老若男女、ルールを守れば、誰しも無言で受け入れる。ほろ酔い気分の客がカウンターでうたた寝をしていても、いきなり帰れとは言わない。そのまま、ひとしきり放っておく。接客と呼ぶには無愛想だが、あのオヤジあればこその酒場である。

「丸千葉」名物やっちゃんの心遣い

大林酒場と共に、山谷を代表する名店が「丸千葉《まるちば》」だ。私は勝手に「月の大林、太陽の丸千葉」と呼んでいる。静寂の中で一人、酒に酔う楽しみに浸るのが大林酒場であるなら、店のさざめきに憩いを求め、つい長居してしまうのが丸千葉だ。

丸千葉は吉野通りの東浅草二丁目の交差点近くにある。暖簾が降りるのは午後二時。その時間になると、平日でも行列ができていて、週末ともなると、それが店仕舞いの午後九時まで続く。店内は下町の酒場の定番である「コの字カウンター」と六人掛けのテーブルが二つ。引き戸を開けると長身の白衣をまとった男性と必ず目が合う。これが店主の「やっちゃん」で、営業中は店内を働き蜂のように動き回っている。このやっちゃんの客あしらいを眺めながら一杯やるのが丸千葉の楽しみなのだ。少人数であれば、どんなに混んでいても席を空ける努力をしてくれる。

「狭いけど、ここでいいかい。丸椅子入れるから。お隣さん、ごめんねぇー。ここにお一人様、入るよー」

どんなに頑張っても席が空かない時もある。そんな時でも絶対に客を待たすことはない。

「今はいっぱい、うん。全然だめ。このあたり一周してさぁ、またのぞいてみてよ」

心遣いが一級品なのである。

運良く席にありつけたなら、まずは店内をぐるりと眺めてみよう。ここも手書きの品書きが所狭しと張り出してある。私が必ず注文するのは、イワシの刺身、もしくは、しめさば。通称エメラルドと呼ばれるちくわの磯辺揚げ、そして、ポテトとマカロニが合い盛りになっているサラダなどだ。料理は多彩で、価格も五〇〇円前後と良心的だが、山谷では高級店の分類に入る。店の周辺にはドヤがひしめいている。けれども、店内に寄せ場の暗さ、物悲しさ、息苦しさは一切ない。やっちゃんの人柄同様、店内も滅法明るい。常連に話を聞くと、昔はドヤ暮らしのおじさんの姿もあったが、今ではわざわざ電車を乗り継いでやってくる酒場好きの一般客が多いという。

ただ品書きにかつての山谷の名残を見る。三〇品はあろうかという酒のアテと共に「うどん」や「定食」など食堂の献立が混じるのだ。

食堂。寄せ場では「めしや」と呼ばれ、寄せ場の住人にとっては特別な場所だ。めしやは孤独の吹き溜まりとも言われる。肉体労働を生業とする労働者は猛烈に腹が減る。仕事終わりに日銭を握りしめて、一人駆け込み、一日の労働を忘れる。丼飯の前に、酒を一杯。飯も食えて、酒も飲める。これがめしやなのだ。当然、酒のアテでは腹が持たない。丸千葉の開店時間は、午後二時。周辺の飲食店も、午後の早い時間から店を開けている。その理由も、やはりこの町が寄せ場であることが関係していると、ベテランのドヤの住人に教えてもらった。

「お天道様の下で働くんだから、雨では仕事にならないでしょ。昼まで横になって寝ていても、結局、やることは仕事以外には飲むことぐらい。だからこのあたりの店は、雨になるともうかったの。日の高いうちから客が入るからね。一番いいのは昼あたりまで仕事して、あとは雨。それでも、コマワリと言って日当は一日分だからね。これで早い時間から飲みに行けるってわけ」

かつて丸千葉は東京の酒場通の間では、安くて居心地がいい「穴場」として密かに知られていた。こうした穴場を根城とする先達は、店を頭ではなく身体で覚えていた。そして、彼らは決して「身体が知らない」場所には安易に立ち入らなかった。しかし、インターネットの登場が山谷の風景を変えた。丸千葉は予約必須の人気店となり、消費を目的とした一般客が、ケータイ片手に大挙して押し寄せるようになった。本来、山谷では「酒場」も「めしや」も、この町の生活者のもので、それそのものが山谷の暮らしだった。ネットの功罪について、ここで議論するつもりはないが、やはり、情報を食べるだけの消費はこの町には似つかわしくないし、面白くない。

二〇二三年、「大林酒場」は暖簾を下ろしてしまった。それまでも、店は休みがちだった。もう、あのオヤジに会えないと思うと、悲しい限りである。

東京最大の寄せ場「山谷」を歩く（下）

鰻好きが行列を作る山谷の名店

東京都心から「山谷」に出かけるには、ＪＲ常磐線、もしくは、東京メトロ日比谷線の南千住駅で下車する。使い勝手がいいのは東京を東西に横断する後者で、路線名にもなっている日比谷公園のある銀座からでも意外に二〇分強で到着する。

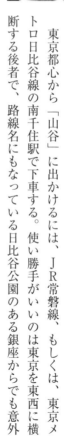

「尾花」で出された鰻の白焼き

日比谷線は、東京二三区の北東にある北千住と、西南にある中目黒をつなぐ総延長二〇キロの路線だ。日比谷線は恵比寿、広尾、神谷町などの「山の手」から、銀座、東銀座、人形町、小伝馬町、上野などの「下町」を迂回して進む。そのシルバーの車体が地上に出るのは南千住の手前、三ノ輪の駅を過ぎたあたりだ。大きく切り取られた車窓から光が差し込む瞬間、たまらない高揚感を覚える人は食い意地が張った食通と言って間違いない。

そもそも、地元の住民ではない限り、都心から地下鉄に乗ってわざわざ南千住を目指す理由がない。ところが、一部の食通の間では、南千住と言えば、神谷町にある「野田岩《のだいわ》」と並んで、東京の鰻の二大名店として知られる「尾花《おばな》」がある町として有名だ。実は日比谷線が地上へと顔を出した直後、車窓から尾花の外観を垣間見ることができる。時間にしてものの数秒だ。この時、鰻食いは必ず同じ行動をとる。予約を一切受け付けない同店の軒先に、今日はいったい何人の鰻好きが行列を作っているか。車窓越しに確認するのだ。

何しろ、尾花の鰻は客の顔を見てから活鰻を割くので、焼き上がりまで、小一時間を要する。毎日、開店時間の前には軒先に十数人の行列ができていて、多い日にはその行列が店の敷地からはみ出て通りまで連なる。そうなると入店までに四、五十分を覚悟しなければならない。

日比谷線が地下から地上へと浮上する時の高揚感の正体は、「いよいよ鰻にありつけるぞ」という高ぶる期待と、「今日は何人が並んでいるかな」という緊張感とがない交ぜになった心境なのだ。それにしても尾花とは、いったいどんな店なのだろうか。創業は一八六八年。文京区音羽で創業し、太平洋戦争後に南千住に移った。

この連載でも度々登場する荒川区南千住は、江戸時代、日光街道沿いの宿場町「千住宿（現・北千住）」の南に拓かれた町で、それまでは広大な野っ原だった。明治時代に入ると南千住周辺には、隅田川水運と鉄道貨物基地の陸運が交差する物流の要として、大日本紡績（ニチボウ、現・ユニチカ）と旧・鐘淵紡績（カネボウ）の二大紡績工場が工場街を作り、全国から大勢の労働者が流入した。

一方、隅田川東岸一帯に広がる「山谷」の地域は、江戸最大の色町「吉原遊郭」。周辺には贔屓の旦那衆を船で送迎する船頭や、車夫、また皮革産業に携わる職人、鳶・土方など肉体労働者が居住する長屋や木造住宅が密集していた。太平洋戦争後は、戦争で焼け出され、職を失った人々が集まるようになり、やがて、高度経済成長とともに高まった労働需要を背景に、同地は日本最大の寄せ場となる。この連載で度々、紹介した南千住の酒場、立ち飲み屋、大衆食堂は、こうした戦後史の中で、ドヤ暮らしの労働者の孤独と食欲を満たす砦として機能してきた。しかし、「尾花」は同じ南千住にある飲食店であっても、明らかにその出自と趣がそうした店とは異なる。

そもそも「鰻」は東京、いや、古くは「江戸」を代表する郷土食として、「寿司」や「そば」と肩を並べる食い物だった。

実は東京人の間には、今でも「イキな食い物」という言い方が残っている。ただ食べるのではなく、その食い方にも「通」や「イキ」を求める江戸の食文化は、江戸開闢以来、二六〇年余の中で培われた、いわば江戸っ子（庶民）の生活理念、心情から誕生したといわれている。

江戸時代は「士農工商」など、武士を頂点にした身分秩序が確立され、武士が圧倒的多数を占める「庶民」を支配することになる。江戸中期以降、貨幣経済の浸透によって、この「庶民」の中でも「町人」と「農民」の貧富の差が拡大。やがて、経済力において武士を圧倒するようになる町人と、その町人の元で働く労働者らによって確立されたのが、これら「江戸前」の食べ物だった。

鰻という食べ物を語る上で外せない「江戸前」の語源は、「江戸っ子好み」「江戸風」など作法や流儀を指すのと同時に、「江戸の前」つまり、「江戸城の前」に広がる海川で獲れたという産地を明示する意味も含まれている。江戸時代の「海川」は、江戸城の東側に流れる隅田川と、その川の水が流れ込む内湾「江戸湾」を指した。

実は今日の東京でも、創業百年以上の歴史ある鰻の名店が、現在も江戸城から見て、「城東」

にあたる日本橋、神田、京橋、新橋、そして、隅田川流域の浅草方面に集中しているのは偶然ではない。これらの一帯は「下町」と呼ばれ、鰻は下町の名物だった。なぜならば、鰻は隅田川と江戸湾が混じり合う汽水域で獲れていたからだ。嘉永年間に刊行された「江戸名物酒飯手引草」には、当時、江戸にはおよそ九〇軒もの店が「江戸前鰻蒲焼き」を出すと紹介されている。蒲焼きとは活鰻を割き、頭を落とした後に適当な大きさに切り、竹串を打って素焼きにし、これを蒸した後に醤油主体の甘辛いタレにくぐらせながら焼く技法だ。割いた活鰻をそのまま炭火で直に焼く関西の「地焼き」に比べると、東京の蒲焼きはふっくらとしていて、熱々の身が口の中でとろける具合がたまらない。

当初、蒲焼きは川魚料理店や鰻専門店で出されていた。しかし、江戸時代中期以降、蒲焼きを丼飯に乗っけて出す屋台が登場したことで、一気に鰻丼が巷で知れ渡るようになる。蒲焼きを恭しく塗りのお重に入れて供する店は、現在でいう「高級店」で、身分の高い人々の間で広まった。一方、屋台の鰻丼は寿司同様、庶民のファストフード的な位置づけだったと考えられている。当時から鰻は精力がつくとの触れ込みから、吉原、深川など岡場所のある地域や、下町の肉体労働者の間でも重宝されるようになる。つまり、鰻も当時は肉体労働者の腹を満たした、ある意味での寄せ場飯だったのだ。

しかし、関東大震災、そして太平洋戦争を経て、東京から屋台文化そのものが根こそぎ消えてしまう。また、高度経済成長と同時に東京湾、そして隅田川の環境は悪化の一途をたどり、鰻などの天然魚が生息できない場所になってしまう。それに取って代わったのが、明治時代に始まった養鰻場で育てられた養殖鰻だった。また一九七〇年代以降は、中国や台湾からの輸入鰻が盛んになり、江戸時代に培われた職人技術と相まって、現代に鰻文化が引き継がれているのである。

そうした江戸から連綿と受け継がれてきた正統派の蒲焼きの技術が、この「尾花」には伝承されている。かつて尾花へと向かう線路沿いの道にも野宿者がいて、前を通ると小便とアルコールの臭いが入り交じった強烈な臭いがした。鼻がもげるかと思った程だ。今でもドヤと呼ばれる簡易宿泊所がある。電信柱には店の案内が出ていた。この案内がなければこれ以上、先に進むことをためらうような雰囲気だ。しばらく歩くと、今度は風に乗って鰻が焼ける実に旨そうな匂いがしてきた。

二〇二一年一月のある日、「蒲焼き」と染め抜かれた南千住「尾花」の暖簾をくぐると、平日の昼だというのにおよそ一〇人もの行列ができていた。都内屈指の鰻の名店であることはとはいえ、コロナ禍にあってもなお行列が途絶えないのはさすがである。相変わらず予約は受け付けない。列には東京に暮らす外国人の姿もちらほら。江戸前の鰻もすっかり「TOKYOの名物」になったものだ。

行列の最後尾に並ぶと、顔なじみの従業員の女性が注文をとりにやってきた。尾花では客の顔を見てから鰻に包丁を入れるので、うな重であれ蒲焼きであれ、先に何を食べるかを注文しなくてはならない。蒲焼きは鰻の大きさで「五〇〇〇円」と「六〇〇〇円」がある。うな重も「五三〇〇円」と「六三〇〇円」から選ぶ。尾花は東京でも最も洗練された鰻料理専門店で、勘定も東京で一番だ。

手元に初めて尾花の暖簾をくぐった時のメモがある。二〇年前、うな重は「三〇〇〇円」「三五〇〇円」「四〇〇〇円」。そのうち、真ん中の「竹」のお重だけが、陶器の丼で「うな丼」で供されていた。つまり、この二〇年で尾花に限らず鰻の値段は、およそ二倍になった。しかし、五〇〇円で丼飯が腹一杯になる食堂や、まさに一〇〇〇円で心地よく酔うことができる「センベロ」の大衆酒場に囲まれた山谷で、今も昔も尾花はハレの日の特別な店に変わりがない。

とりあえず、注文を決めなくてはならない。私はうな重を食べることが多いが、今日は連れもいるので「白焼き」と「蒲焼き」を注文。お重ではなく鰻と御飯を別々にいただくことにした。ものの二〇分ほどで食事を終えた客が一斉に出てくる。入れ替わりで店の中に通される。昔は下足番がいて靴と引き換えに番号のついた札を受け取ったものだ。現在、尾花では昔ながらの入れ込み座敷がなくなり、机と椅子席になった。

入れ込み座敷とは、大広間に客があぐらをかく格好で端から対面で座ってゆく江戸の下町ならではのスタイルだ。めいめいの客の前には小体な塗りのお膳が用意される。畳の上に貫板を敷いて、その上に直接、火鉢と鍋を置く店もある。鰌《どじょう》の丸鍋が有名な浅草「駒形どぜう」、本連載でも取り上げた桜鍋の森下「みの家《や》」だ。鰻、鰌、馬肉……。こうした下町の食べ物は、大工や左官、土方や鳶など江戸時代の肉体労働者の腹を満たし、精力を養う寄せ場飯だった。

かつての入れ込み座敷は、銭湯と同じ江戸の社交場だった。昔の絵図には大工の棟梁が職人と芸者を連れ立って酒を飲む姿が描かれている。そのスタイルは隣客と肩がぶつかるほどの至近距離で、まさに「寿司詰め」状態だった。こうした店では誰と食事をしているかが一目瞭然な上、隣客との距離が近い。自然と見知らぬ客同士が顔見知りとなり会話が弾んだ。また、こうした店は銭湯と同じような独自の作法や流儀があり、新入りの客は店の常連の所作を横目に見ながら真似をしたものだ。

ちなみに、入れ込み座敷の対極にあるのが料理屋の座敷だった。料理屋を利用するのは名のある商家の旦那衆や武家の者。だから、現在でいうところの一見さんお断りの「紹介制」の店だった。四方を高い障壁で囲まれ、プライベートが完全に守られる。例えば駒形「前川」や神田明神下「神田川」がその流れを汲む。完全個室の料理屋と入れ込み座敷の専門店とでは客筋が全く違った。

コロナ禍で消える江戸の風情

いずれにしても、江戸の風情あふれる入れ込み座敷が、このコロナ禍で完全に姿を消すのではないかと、私は危惧していた。何しろ客同士が肩を寄せ合いながら、ワイワイと喧噪の中で食事をするスタイルは「三密」の極みだからだ。感染症が流行する世の中では感染リスクが避けられない。尾花が入れ込み座敷のスタイルを変更し、テーブルでの接客になったのは数年前。意外にも理由は客のほとんどが高齢者で、座敷にあぐらをかくなどして、直接座ることができないとの苦情が殺到したからだそうだ。また近年、鰻の養殖には欠かすことができない鰻の幼魚（シラスウナギ）が減少したことで鰻の価格が高騰。その結果、かつてのように良質の鰻が安定して手に入らなくなったことも、座席数を減らさざるを得なくなった理由だという。コロナが理由ではないが、かつてのようなスタイルに戻すのは厳しいだろう。現在、尾花は最盛期のおよそ三分の一の席数で営業を続けている。

しかし、いつ来ても天井の高い畳敷きの大広間は気持ちがいい。尾花はいつ出かけても隅々まで掃除が行き届いている。正面には神棚が設えてあって鴨居には正月らしい羽子板がずらりと飾ってある。座敷から見える厨房で働く職人衆の無駄のない動きも見ていて飽きない。これは尾花だけではないのだが、鰻屋の主人は毎日、鰻を眺めているからか決まって顔が鰻の風体とよく似ている。

さて、鰻が焼き上がる間、冷酒をちびりとやりながら、鰻屋ならではの酒肴で一杯やろう。酒が飲めない人であれば、文庫本などを一冊、ポケットに忍ばせてくるのもいい。とにかく、客の顔を見てから鰻を焼き上げるので、混雑した日などには注文して出来上がるまで小一時間かかる。その間をどうつなぐかも鰻屋の愉しみだ。そば屋で本命のそばをたぐる前につまむ酒肴を「そば前」と呼ぶが、当然、尾花でも「鰻前」が見逃せない。定番は「うざく（二〇〇〇円）」「う巻（二五〇〇円）」「焼鳥（一二〇〇円）」「柳川（二三〇〇円）」「鯉あらい（一一〇〇円）」などだ。とくに鰻の蒲焼きと塩で揉んだ胡瓜を三杯酢で合わせた「うざく」は絶品だ。鰻の脂が溶け込んだ酢を最後まで飲み干す人もいる。ただ「白焼き」と「蒲焼き」を食べると決めているので、それ以前に鰻で腹を満たすのは野暮というものだ。今日は涙を飲んで、それ以外の酒肴で一杯やることにする。

そうなると外せないのが「焼鳥」と「お新香」だ。鰻専門店でなぜ焼鳥なのか。以前、ある雑誌の企画で「焼鳥が旨い店」という特集を担当した。その中で見つけたのが、下町を中心に川魚を扱っている専門店で、軒先で鰻の蒲焼きと焼鳥を焼いている店があった。その焼鳥がむやみに美味しかったのだ。店主に話を聞くと焼鳥の素材は特別こだわったものではなく、近くの鶏肉専門店から仕入れたものだった。それにしても、なぜ旨いのか。この店で鰻の蒲焼きに使っていたのは備長炭の白炭だった。遠火の高温で一気に焼くことで、鰻や鶏肉の旨みを閉じ込めながら、芯までふっくらと火を入れることができる。

もちろん、これだけで旨そうなのだが、実は焼鳥の旨さの秘密は「タレ」にあった。隠し味に鰻屋らしいあるものを使っていたのだ。その秘密はなんと「鰻の骨」だった。焼いた鰻の骨をタレに合わせることで、なんとも言えない奥深い味が生まれるのだ。鰻の骨の出汁は京都の「う雑炊」にも使われる。それまで、鰻の骨煎餅は知っていたものの、まさか、蒲焼きや焼鳥のタレに使われているとは知らなかった。尾花の焼鳥は熟練の職人が焼くだけあって身が縮むことがない。鰻屋で敢えて焼鳥を頼むのは理にかなっているのだ。

さて、そうこうしているうちに、鰻の白焼きが運ばれてきた。白焼きとは捌いた鰻に串を打ち、蒸した後に焼きあげたものだ。これをわさび醤油で食べるのだが、白焼きには冷酒が絶妙の相性を見せる。口に入れた途端に淡泊な鰻の身がほろほろとほどける。そして、川魚特有の香りが口いっぱいに広がる。わさび醤油のツンっというアクセントがいい。すかさず冷酒をグビリとやる。ゆるゆると至福の時間が過ぎてゆく。

そして、待ちに待った蒲焼きが登場だ。「串打ち三年、割き八年、焼き一生」とはよく言ったものだ。それほど鰻職人の仕事は奥深い。職人は鰻の大きさや脂の乗り具合を見て、微妙に焼き加減を調整する。蒲焼きの語源は「蒲焼き」。筒状にブツ切りにした鰻を串に刺して焼いた姿が、蒲の穂の姿に似ていたことから、その名前がついたとされる。しかし、同じ鰻でも関東と関西では調理法が微妙に異なる。

鰻から始まった「割り箸」の文化

関東では活鰻に目打ちをし、包丁を鰻の背にそって入れて「背開き」にし、半身に切った鰻の身が縮まないように串を打つ。そして、高温の炭火で素焼きにする。江戸の鰻の真骨頂は、素焼きにした鰻をセイロで蒸して余分な脂を落とすことだ。そして、蒸しを利かせた後、何度もタレをくぐらせながら丁寧に時間をかけて炭火で焼き上げる。江戸に伝わるこの焼き方は「万遍返し」と呼ばれる。一方、関西は「地焼き」と呼ばれ「腹開き」にした鰻を、蒸さずにそのまま一気に焼き上げる。蒸さないので皮目がパリッとしていて香ばしく、これはこれで別物の旨さがある。関西では蒸した後に焼き上げる鰻は「江戸焼き」と呼ばれる。

こうして出来上がった尾花の蒲焼きは焼きムラも焦げも一切無く、全体が見事な飴色で芸術品のようだ。箸を入れると皮目は柔らかく、身は肉厚。適度な脂があって口に入れた途端に鰻の旨さが爆発する。余計な脂が落ちているので、後味はさっぱりとしている。タレも無闇に甘くないので途中で飽きることがない。

尾花で鰻を食べると毎回、感動することがある。やけどするほどに鰻の身が熱いのだ。高温の炭火で時間をかけて芯にまで火を入れないとこうはいかない。昨今、スピードを優先して多くの鰻料理店が「焼き冷まし」と言って、予め全ての調理の工程を済ませておいて、最後に表面だけを温める程度に焼く、手抜き仕事が横行している。しかし、尾花では絶対にそんなことはない。半匹をいただいたところで、肝吸いをもらう。絶妙な塩梅の吸い口は鰻の脂を切るのに最適だ。

残りの半身は御飯にのっけて鰻丼にするのがいい。蒲焼きの場合はタレが別添えで出てくるので、蒲焼きで酒を飲んで、このタレ御飯で締めるという常連もいる。タレのかかった御飯に山椒の粉をかけて締めに食べるのだ。もし、酒を飲まないのであれば、最初から鰻重を注文して、お重をもって一気呵成に掻き込むのがいい。鰻と御飯が渾然一体となった旨さはお重ならではだ。時勢柄、テイクアウトが流行しているが、鰻のお弁当はもらっても時間が経ったものは閉口してしまう。冷めた鰻は香りも香ばしさも失うから値打ちがない。鰻はたまに店で熱々を食べるからこそ尊い。鰻は余所行きの味なのだ。あっという間に完食して夢のような時間が過ぎていった。

それにしても日本人は鰻が大好きだ。鰻から始まった食文化はいくつもある。例えば「割り箸」。ある時、芝居好きの旦那が、芝居を見ながら熱々の鰻を食べたいと鰻屋の主人にわがままを言った。困った主人はとっさに瀬戸物の丼に白飯をよそい、蒲焼きを乗っけて蓋をして芝居小屋に届けた。これが「鰻丼」という名前で大ヒットする。そして、この時に発明されたのが使い捨ての箸。つまり「割り箸」だ。鰻のタレと脂がしみついた箸は洗うのが面倒だったので、使い捨てできる竹製の箸が考案されたのだそうだ。割り箸をおさめる袋に店の屋号など「広告」を入れたのも、この鰻屋が最初だと言われている。

さて、鰻で腹を満たした後、山谷に暮らすある人物に会うため、私はある場所を目指した。待ち合わせ場所は、泪橋のたもとにあるセブン―イレブン前。かつてこの場所には「世界本店」という東洋一の酒屋があった。東洋一というのは「日本で最も缶酎ハイが売れた酒屋」という意味だそうだが、今となってはその真偽を確かめることはできない。待っていてくれたのは通称「アンドウさん」。この近くの簡易宿泊所（ドヤ）で生活している。そもそも仲間からアンドウさんと呼ばれているので、私もそう呼んでいるが、本名なのかあだ名なのか、はたまた偽名なのかやっぱり分からない。私は週刊誌の取材で出会ったのだが、自称御年七十八歳。長身のほっそりとした体躯で、身だしなみはシャンとしている。身よりはなくホゴ（生活保護）で生活をしている。

ケータイを所有していないアンドウさんと待ち合わせをするのは、とても難しい。近くのドヤに暮らしているのは知っていても、どのドヤなのかは教えてくれない。ただ「03」から始まる電話番号があって、かけると管理人らしき高齢の男性が出る。そこで「アンドウさん、いらっしゃいますか」と尋ねるのだが、身寄りのないドヤ暮らし人に電話がかかってくることなど、普段はほとんどない。相当怪しまれる。「どなたですか?」と聞かれ「ライターの中原です」なんて答えようものなら、そのままガシャン。少し時間を置いて「友人の中原です」と伝えると渋々、部屋に呼びに行ってくれる。ただ管理人は午前中しかいないようで、その時間に本人が在室していない場合もある。数週間前からそんなやりとりを経て会う段取りをするのだが、まるで逢い引きでもしている気持ちになる。

安息の場所を失った野宿者たち

「少しお痩せになったんじゃないですか。お元気でしたか」と声をかけると、「残念ながらお迎えは来なかったな」と笑う。アンドウさんと会って話を聞く時は、決まって近所の中華料理店に入る。中華料理店と言ってもラーメンからカツ丼、カレーライスまで揃う町の食堂だ。場所はお気に入りの店だから書いてくれるな、という。吉野通りの「清川」の交差点近くの店だ。

この日もコロナ禍なので飲食店は遠慮すると伝えたが、そこがいいというのでいつものテーブルへ。酒は飲まないタチらしいが、私に会う時は、私が頼んだビールをコップに一杯だけ飲む。頼むのは決まって「チャーシューメン（五五〇円）」だ。ここは通し営業なので昼から夕方まで、入れ替わり、立ち替わり、人がやってくる。メニューは豊富で一番人気はラーメンと炒飯だそうだ。

「コロナでどんな生活されているかなと思って。体調はいかがですか」と水を向けると、アンドウさんは「コロナもインフルも、ただの風邪も何が違うんだか分からない。なんでもいいから早くお迎えに来てくれないかな」と言って、また笑いを誘う。野宿者はカネも保険証もないので熱や咳が出たところで病院に行くという選択肢がない。診断を受けないと病名は分からない。それでも今はマスクをつけている人が多い。

「就寝する時に、このまま目が覚めなければいいなと思う日もあってね。アパートとホゴはあってもオレの最期を看取ってくれる人はいない。畳の上で死ねるだけマシ。多くの人がみんなそう。けれども、そう言いながらマスクをつけて、コロナにかからないようにしているのだからバカだね」

チャーシューメンが運ばれてきた。透き通った醤油味のラーメンにチャーシューが五枚。刻み葱と申し訳程度のメンマ。麺は中太。アンドウさんの食べ方は変わっていて、まずはチャーシューなどの具材を全部食べる。その後、スープを含んでコシがなくなった麺をすする。時間をかけてゆっくり。年々、食べるスピードが遅くなっている。

「普段は一日一食。外食はしないよ。表通り（吉野通り）のスーパーでおにぎりを買う。コロナになって飲み食いの店は閉まって、その代わりにスーパーのお惣菜の充実ぶりはすごいよ。夕方になると弁当も三割引になるから三〇〇円以下で買えるんだ」

普段はおにぎりを二個買って、ひとつはその日に食べる。もう一つは翌日、お茶をかけてお茶漬けにして食べる。固くなった飯粒が柔らかくなるので、一石二鳥だそうだ。この食べ方は路上生活時代に先達に教わった。

アンドウさんと最初に出会ったのは、今から三年前。やはり吉野通りにある「居酒屋アロー」だった。この店では昼から酒を飲んでカラオケで盛り上がることを「大人の学芸会」と呼んでいた。十八番は沖縄民謡「十九の春」。その美声がきっかけで私が声をかけたのだ。食堂の帰り道、アローの前を通った。相変わらず大音量のカラオケが表通りまで漏れ聞こえている。この場所はコロナ前と何も変わっていない。ドア越しに店内を覗くと、まだ陽が高いというのに、数人の初老の男性が酎ハイを片手に完全に出来上がっていた。マスターと思しき人物から「入れ」と手招きを受けたが、このご時世なので遠慮し退散することにした。

ところで、山谷はコロナの影響をどの程度受けているのだろうか。山谷では誰もが知っている「センター（城北労働・福祉センター）」の前の立て看には、こんな文言が書かれていた。

「センターは仕事をふやせ！」

日雇い労働者にとって年末年始を挟んで仕事が減る冬場は苦境の時期だ。山谷では今も野宿者が集まって新しい年を迎える「越年闘争」が行われている。それに加えてコロナの蔓延。山谷に限らず、日本各地の寄せ場では支援者による「炊き出し」「防寒具配布」の回数も減少。さらに感染防止を理由に図書館が閉館、ファストフード店も入店制限をするようになったため、野宿者は安息の場所を失った。

最も大きなダメージは、コロナによって東京都による「輪番」という仕事紹介の事業が中断。そもそも、日雇い労働は休業補償の対象ではない上、住民票に記載する住所を持たない野宿者は給付金の対象から除外されている。住民登録をしているアンドウさんの元には、あの「アベノマスク」も「給付金一〇万円」も届いたそうだ。

「公園（玉姫公園）には野宿している人のテントが二〇ばかしあるかな。まだ若いから野宿もできるけど、この歳になったらホゴを受けて国のお世話になるしかない」

アンドウさんは元々、ゴミ焼却場から出た焼却灰を、ダンプカーに乗せて処分場まで運搬する仕事をしていた。一日、何往復しただろうか。焼却灰を処分場に捨てる際、ダンプカーの荷台を逆立ちさせて焼却灰を振り落とす。その度に細かい塵が空中に舞い、周辺の空気を汚染する。これが、通称「ダンプ公害」だ。アンドウさんはこの仕事を一月も休むことなく八年続けた。その結果、因果関係は分からないが慢性喘息を煩ってしまう。それが原因で体調を崩し会社を辞める羽目になる。タクシーの運転手などをしながら食いつなぎ、五十歳でこの街に流れ着いた。家族のことを口にしたことはない。

日雇い労働者に愛された喫茶店

居酒屋アローのはす向かいに一軒の喫茶店がある。その名前は「カフェ・バッハ」。一九六八年創業の老舗だ。オープン当初の名前は「ＳＨＩＭＯＦＵＳＡＹＡ」。この場所にあった「下総屋」という大衆食堂が暖簾替えをして誕生した喫茶店だった。前回の東京オリンピックが一九六四年。山谷が大勢の労働者で活気に溢れていた頃だ。当時、店は朝五時半から営業していて、開店前から大勢の労働者が仕事前に一服しようと行列を作ったという。山谷における朝食の定番は、丼飯に味噌汁、おかずの食堂スタイルだったが、オリンピックを契機にアメリカの文化が一気に流入。珈琲とトーストというスタイルが山谷の労働者の間でも市民権を得ることになる。アンドウさんは一カ月に数回だけ、この喫茶店で珈琲を飲む。

「働いている時代は珈琲と言えば『ホット』しか知りませんでしたが、この店で初めて『自家焙煎』の珈琲の味に出会った。初めてそれを飲んだ時、なんというか人間に戻ったというか、生き返ったというか、とても幸福な気持ちになったんだね」

この話をする時のアンドウさんは、とても幸せそうだ。ただ開店当初は「七〇円」だった珈琲も、今では一杯「六四〇円」。店内には屋号にもなったバッハなどクラシック音楽が流れる。客層も山谷の大衆食堂やめしやとは一線を画す。客の大半が、わざわざこの場所で珈琲を飲むために都心からやってきた、という風情の人ばかり。ここは山谷では珍しい「高級店」の部類に入る。日雇い労働者特有の饐えた臭いを放つようでは入店はできない。この店で珈琲を飲む場合は、わざわざ散髪をし、新しめのシャツを着込むのだそうだ。また足元も普段はビニール製のヘップサンダルだが、この日ばかりは「運動靴」を履いて出かけるという徹底ぶりだ。

「バッハで珈琲を飲んだという先輩は、ドヤにもたくさんいましたし、今もいますよ。日雇い労働者の仲間には、休日に子連れで来る人もいました。店の従業員も私たちを排除することなく、受け入れてくれましたから」

カフェバッハは、日本でもいち早く自家焙煎コーヒーを確立させ、また喫茶店文化を牽引してきた。店には今でも全国、いや海外からもマニアが集う。今やその店は国籍や出自を問わず、珈琲を愛する全ての人々の安息地となっている。

第2章

労働者の腹を満たす「めしや」

川崎駅そばにある「丸大ホール本店」の暖簾

川崎大衆食堂の歴史と謎を紐解く（上）

東京という大都市の「縁」の街

〈あたし達の住んでいる街には河が流れていて、それはもう河口にほど近く、広くゆっくりとよどみ、臭い。河原のある地上げされたままの場所には、セイタカアワダチソウがおいしげっていて、よく猫の死骸が転がっていたりする。〉

「川崎」といえば、この暗示めいた不穏な書き出しで知られる岡崎京子作・漫画『リバーズ・エッジ』が思い出される。暴力、ドラッグ、援助交際――。この作品のモチーフとなった社会現象は、まさにバブル崩壊後の一九九〇年代の日本社会そのものだ。岡崎が描いた時代は、あらゆる意味で戦後日本の転換期と重なる。劇作家・宮沢章夫は同作品について「九五年を予兆している」と評した。

宮沢氏が予言した通り、一九九四年に『リバーズ・エッジ』が発表された翌年、「阪神・淡路大震災」とオウム真理教による「地下鉄サリン事件」が勃発。日本の安全神話が根底から揺らいだ。そして、「ウィンドウズ95」の発売はインターネット時代の到来を暗示させた。そして、『新世紀エヴァンゲリオン』の大ヒットは、「ハルマゲドン」や「世紀末」などの流行語と共に、二

1955年創業の「丸一食堂」

十世紀というひとつの時代の終焉を印象づけた。『リバーズ・エッジ』が、二六年前に作られた作品にもかかわらず、今でも若い世代に読み継がれているのは、いじめや暴力、貧困やLGBTなど、「現代」を生きる若者が抱える「生きづらさ」をつぶさに予言していたからだろう。

この作品の舞台は、川崎と聞いて多くの人が連想する「京浜工業地帯」のど真ん中でも、怪しいネオンが瞬く川崎駅前の繁華街でもない。戦後、日本各地に誕生した「都市」、その都市の周縁に出現した「郊外」だ。そこは気だるい日常の延長で退屈な場所だった。そもそもタイトルとなった『リバーズ・エッジ』も「川の縁」とも訳すことができる。二〇一八年、この『リバーズ・エッジ』の映画化に際し、メガホンをとったのが行定勲監督だった。この時、行定氏はこんなコメントを発表している。

「リバー（川）が『歴史』だったとして、そのエッジ（縁）に立っている感覚を持ちながら映画を作りました。この映画は大きな時代の空気にのまれていて、最後まで途上にいる。だから、誰もが自分に置き換えられるし、長い間、いろいろな人に影響を与えている」

そう考えると、この川崎という街そのものが東京、もしくは、横浜という大都市の周縁に出現した、まさに「縁」の街ということになる。しかし、川崎といっても、どこまでの範囲を指すのかについて地元の人でさえ曖昧だ。

神奈川県の北東部に位置し、川崎区、幸区、中原区、高津区、多摩区、宮前区、麻生区の「七区」で構成される政令指定都市「川崎市」は、決してひとつにまとまった混沌とした街ではない。ひとつひとつの街が、サラダを構成する具材のように、それぞれ際だった個性を発揮し、ひとつのボウルの中で成立している。

川崎市の人口は約一五〇万人。東京湾に面した臨海部には京浜工業地帯。川崎の玄関口となる川崎駅周辺は繁華街。東京と横浜を結ぶ東海道線、京急線沿線の駅周辺にはベッドタウンが肩を寄せ合い、郊外特有の高級住宅地を形成している。そして、近年では武蔵小杉など多摩川沿いには超高層のタワーマンションがにょきにょきと林立している。それぞれの街の個性を理解した上で、本連載が「川崎」という名称で取り上げるのは、区でいうならば「川崎区」。川崎市を構成する七区の中でも、唯一、海に面し、京浜工業地帯という一大工業地域を有する一帯だ。

「飲む・打つ・買う」で栄えた時代

ある冬の日の夕暮れ。ＪＲ川崎駅で集合した私たちは、迎えの車に乗って駅から海の方向に延びる目抜き通りを、ひたすら南下することにした。地元の案内人によると、川崎駅東口の繁華街はコロナ禍とあって、その賑わいは普段の半分だという。それでも、街はクリスマスシーズン前で至る所で装飾が施されていて、表通りの居酒屋はどこも客が入っている。川崎駅前には「銀《ぎん》柳街《りゅうがい》」というアーケードがあり、あらゆる業態の飲食店、居酒屋、生活用品店が軒を連ねる。その商店街で戦前から理容室を営む年配男性に、川崎の街の成り立ちを聞いたことがあった。

「この一帯は米軍の空襲に遭い、戦後は焼け野原からスタートしたんです。闇市が建ち並び、その後、京浜工業地帯で働く労働者が全国から集まってきました。そんな労働者相手の『飲む（飲食店）、打つ（パチンコ、競馬、競輪などの公営競技）、買う（風俗店）』の業種が栄えたんです。高度経済成長の時代は、工場が二十四時間、朝も昼も稼働していましたので、川崎駅前から海側の工場地帯まで四六時中バスが運行していました。駅前に限らず早朝から営業している居酒屋や食堂があって、夜勤を終えた労働者が朝から旨そうにビールをあおっている風景が当たり前でした。今でこそ、駅の西側には大型商業施設が建設され、そうした個人経営の飲食店も一気にチェーン店に取って代わられました」

駅から数分、車を走らせて表通りから一本、道を裏に逸れれば、そこは関東でも有数の風俗街が広がる。かつての赤線街「南町」と、東京・吉原と肩を並べるソープランド街「堀之内」だ。

川崎の風俗街の歴史は江戸時代にまで遡る。東海道の宿場町だった川崎宿は、多摩川に架かる「六郷《ろくごう》の渡し」の渡船の権利を有する旅籠が軒を争っていた。雨が続き、多摩川が人の足では渡れない深さまで増水すれば、当時、橋のない多摩川を渡る旅人は、川崎宿に足止めされた。そんな旅人の憂さを晴らしたのが「川崎遊郭」の遊女だった。この川崎遊郭は、大正時代まで続き、その後は非合法の「青線街」、そして合法の「赤線街」として姿と場所を変え、現在に至る。駅前から川崎区を東西に貫く第一京浜との間は、神奈川県が「特定遊興飲食店街」に指定しているエリアで、風俗店以外にもスナックやキャバクラ、クラブなどが集中している。ところどころに日雇い労働者のための簡易宿泊所「ドヤ」もある。

後日、この「南町」「堀之内」エリアを歩いた。吉原に次ぐ風俗街との触れ込みだが、実際には街は閑散としていた。いわゆる〝呼び込み〟の姿もあまり見られない。営業している風の店がポツリ、ポツリとあるものの、行き交う人の姿は少なく、表向きには繁盛しているとは思えない。シャッターを閉めている店も多い。老舗風の看板の脇に三十代の呼び込みの男性を見つけた。話しかけたところ、意外な話が返ってきた。

「コロナ禍であっても客足はほとんど変わりませんよ。今は深夜よりも真っ昼間の予約が多いんです。本来であれば、サラリーマンなど勤め人は、東京や横浜の会社に出勤していますよね。ただ、今はリモートワークでずっと家にいるじゃないですか。だから、時間が許す人は昼間からこうした場所を利用するんです。高級店になればなるほど、コロナ対策は徹底しています。このあたりでコロナが発生した噂は聞きませんよ」

第一京浜を過ぎてさらに南下する。夜のとばりが降りてくる。ものの数分前まで、街頭にはギラギラとした電子ネオンがきらめいていたが、このあたりまでくると街の明かりはポツリ、ポツリとなる。目立つのはコンビニの白熱灯くらいだ。

車は大通りの「大島四つ角」の交差点から通称「セメント通り」という横道に逸れ、川崎最大のコリアンタウン「桜本《さくらもと》」に入る。四車線の大通りから、道幅の狭い二車線道路へ。セメント通りという一風変わった名前の由来は、この通りの先を走る産業道路沿いにあった「太平洋セメント」の工場への抜け道という説が有力だが、真偽のほどはよく分からない。コリアンタウンというだけあって、数軒の焼肉店、そして、地元では有名な精肉店の前には行列ができていた。

「寄せ場」には必ず旨い飯屋がある

その街の産業道路を挟んで対岸は、もう京浜工業地帯の一画だ。日本の近代史の教科書にも登場する同工業地帯は、東京─横浜の東京湾沿岸を埋め立てて造られた。最初の埋め立ては明治三十〜四十年代に始まった。鉄鋼、造船、機械などの重工業が中心だった。川崎沿岸の工業団地化のきっかけは、第一次世界大戦における特需だった。その後、関東大震災で大打撃を受けた東京から、工場が次々と川崎、横浜に移転したことで、この一帯は「東洋一」と呼ばれる大規模な工業団地となる。この頃、朝鮮半島から労働者として渡ってきた人々が、桜本や池上町などに集落を作り、コリアンタウンを形成するのだ。

現在、桜本、池上町に加え、隣接する大島、浜町の地域は「おおひん地区」と呼ばれ、東南アジアや南米からやってきた移民労働者も加わり、日本でも有数の多国籍タウンを形成している。頭上には横浜と川崎、川崎と羽田空港を結ぶ通称「横羽線」（正式名称は首都高速神奈川一号横羽線）が走っている。この横羽線よりも海側は、完全な人口島で「扇島」「東扇島」と呼ばれる。広大な埋め立て地には重化学工場のプラントが建ち並び、一時も休むことなく、もうもうと煙を吐いている。時計の針は午後六時を過ぎていたが、仕事帰りの労働者が数人、人影のない産業道路を延々と歩いていた。

さて、川崎駅から繁華街、風俗街、コリアンタウン、工業団地へと続く、幹線道路を走りながら、川崎は、街そのものが「寄せ場」であることを改めて痛感した。寄せ場といえば、本連載でも紹介してきた「山谷」を真っ先に思い出すが、まさに山谷の周辺には、繁華街である上野、浅草があり、吉原という風俗街があり、周辺には多国籍タウンが広がり、近くを流れる荒川の土手は戦前、軍需工場がひしめいていた。

こうした歴史を持つ場所には、必ず、旨い飯屋がある。なかでも京浜工業地帯で働く労働者の胃袋を満たしてきた「食堂」は、今も川崎の街に点在している。寄せ場に生きる人々にとって、食堂は「孤独の吹きだまり」でもあるが、同時に一日の疲れを忘れ、温かい飯にありつける安住の場所でもある。

まず、訪れたのは桜本の集落のはずれにある、一九五五年創業の「丸一《まるいち》食堂」だ。桜本はコリアンタウンではあるが、臨海部に近いということもあり、工業地帯で働く労働者が暮らすアパートや団地もある。客のほとんどが現役の工場労働者、タクシー運転手、そして、今は生活保護を受けながら暮らす元労働者だという。暖簾が掲がるのは、早朝の六時半。まず暖簾をくぐるのは夜勤明けの工場労働者だ。

店に入ると正面に二つのテーブル。その両脇にそれぞれカウンターが一つ。一〇人も入れば店は満席になる。おかずはショーケースの中から好きな物をめいめいが選ぶ方式で、ガラス張りのケースの中には上段に「焼き魚」「野菜炒め」「ハム玉子」「鯖の味噌煮」などの主菜。中段には「かぼちゃの煮付け」「ほうれん草のおひたし」「サラダ」など副菜。下段には「生卵」「納豆」「お新香」などの付け合わせが並ぶ。価格は一番高い「マグロの刺身」が五〇〇円で、あとは主菜が三〇〇円から四〇〇円、副菜が一五〇円、付け合わせはだいたい一〇〇円だ。これらを選んだら、あとは食堂では欠かすことができない、ごはんと味噌汁を選ぶ。ごはんは並盛りが二〇〇円。大盛りが二二〇円。みそ汁は五〇円だ。常に焼き魚は二種類から三種類は常備。この日は「鮭」と「赤魚」だった。

結局、この日の私だけの定食は次の通りだ。

「ハム玉子、かぼちゃの煮付け、ほうれん草のおひたし、並ごはん、味噌汁」。これだけ頼んで、七〇〇円ちょっと。おかずを減らせば五〇〇円でも食事にありつける。川崎には、こうした心からホッとする大衆食堂がいくつも点在する。

川崎大衆食堂の歴史と謎を紐解く（下）

「めしや」と「酒場」両方の機能を備える

関西方面への出張帰り。川崎にある食堂で朝飯を食べるためだけに、途中下車して駅前の安ホテルに泊まった。川崎に限らず駅と歓楽街とが直結していて、周辺に工場地帯を有する、例えば、小倉、尼崎、宇部などの駅前には、必ず早朝から暖簾を掲げる食堂があった。

「丸大ホール本店」店内のお品書き

こうした駅前の食堂は、腹を満たす目的の「めしや」と、めしのおかずをアテにして、朝から一杯やる「酒場」。この両方の機能を備えている必要がある。なぜならば、工場地帯や繁華街で働く「夜勤」の労働者にとって仕事終わりの至福の止まり木だからだ。こうした店は一九九〇年代までは「朝から三升の飯を炊いた」とか「午前中でビールがケース単位で空になった」などの逸話が残っている。

しかし、当時の面影は薄れつつある。こうした就労形態そのものがなくなりつつあるのだ。何より二十四時間営業のファミリーレストランやチェーン居酒屋が増え、必ずしも食堂だけが彼らの居場所ではなくなったこと。また、「食堂で朝から一杯」という悦びを体で覚えている現役世代が引退してしまったことも挙げられる。こうした店は一人客にも居心地が良く、数人で来ても楽しめ、店の奥には歓送迎会程度の団体客にも対応できる座敷などがあれば言うことはない。何事も臨機応変。客のその日の気分と目的に対応できる寛容さが食堂には求められるのだ。無論、安くて、早くて、旨いというのは大前提ということになる。

「丸大《まるだい》ホール本店」は、そうした食堂に求められる機能を全て体現している希有な存在だ。創業は戦前の一九三六年。川崎は全国的にも食堂の密集地として有名だが、その中でも最古参だ。店はJR川崎駅と京急川崎駅に挟まれた薄暗い一画に佇む。この土地の持つ「薄暗さ」の正体はいったい何なのか。それは、この店が川崎駅の玄関口、川崎駅東口から目と鼻の先にあるにもかかわらず、大規模な再開発を逃れ、昭和という時代を今に残しているからに違いない。つまり、戦前、戦後から続く、この街の生々しい歴史の断片が今も剥き出しになってそこにあるからだ。

とくに通称・川崎街道（府中街道）とJRの線路に挟まれた三角州のような一帯の猥雑さはたまらない。十数軒の店が狭隘な路地に肩を寄せ合って横丁を形成している。

横丁を歩きながら、看板を眺めているだけでも面白い。「スタンドパブ花束」「スナックふれあい」「大衆酒場おなじみ」「焼肉ホルモン専門店三好苑」などなど。他には「雀荘」や「教会」まである。横丁は典型的な長屋造りで、一階部分は間口一間、一〇人も入ればいっぱいの手狭な店舗。二階は六畳二間程度の住居となっている。こうした家族経営の小規模店が磁力で引かれ合うようにして横丁を形成しているのだ。夜には不気味な蛍光色のネオンが、こちらを向いておいで、おいでしている。横丁は行き交う人々を引き寄せる独特の引力を持っていて、誘蛾灯のように闇夜を照らす。

この横丁と一筋隔てた表通りに「丸大ホール本店」はある。何しろ門構えがいい。屋号は金文字で刻まれて正面に立派な暖簾がかかっている。玄関を中心にして向かって右の暖簾には「大衆食堂」、左には「大衆酒場」の文字が染め抜かれている。看板には縦書きでお品書きがズラリと書かれていて壮観だ。正面の引き戸は磨硝子の造りになっていて通りから店の中を覗くことはできない。ただ朝八時半の開店から、店仕舞いの夜十時まで、客がひっきりなしに出入りする。最近では若い世代の客も多くやってくるそうだ。

中に入ると六人掛けのテーブルが六つ。入って右手が厨房。調理担当は五名。店は掃除が行き届いていて古参食堂にありがちな閉鎖的なところが少しもない。焼酎、日本酒の瓶がずらりと並び、全てのラベルが整然とこっちを向いている。圧巻は軒下に貼り出されているお品書き。短冊に手書きの墨字で書かれている。ざっと三〇種類はあるだろうか。

入ると、お給仕の女性から声がかかる。

「お酒は十一時からになります」

意外だった。朝からビールと思っていたのだが拍子抜けだ。かつては、朝から飲めたような気がする。壁のテレビが九時を知らせていた。もしかすると、朝の時間帯は朝食を食べる客を優先しているのかもしれない。それにしても、まずは何を食べるか決めなくては。これほど目移りするお品書きもめずらしい。

そもそも「食堂」は、味噌汁と白飯という日本の朝食が基本にある。だから、この二つがしっかりしていないと客はつかない。食堂は家庭と外食の中間にあって、「外で食べる家庭料理」と言われる。つまり、その行為は「外食」なのだが、限りなく日常の食事を踏襲していなければならない。その基本となるのが、味噌汁と白飯なのだ。それに加え毎日の食事だと定義すると、大事なのは「飽きない工夫」だ。安価であることはもちろん、品書きは目移りするほど多い方がいい。週に複数回、通う客がいることが前提なのだ。それに、メインのおかずとは別に「納豆」「生卵」「しらすおろし」「冷や奴」「季節野菜のおひたし」などの小鉢が充実していることがのぞまれる。

食堂の模範「丸大ホール」

その意味でも「丸大ホール」は食堂の模範のような店だ。面白いのはメニューに「麺類の部」と「御飯の部」があって、麺類には中華麺を使った「ラーメン」や「ワンタンメン」もあれば、「ざるそば」「天ぷらうどん」もある。ご飯は「カツ丼」「天丼」に始まって「カレーライス」「オムライス」「チャーハン」まである。ここまで網羅されると、大人のファミリーレストランのような風情だ。一番高いのが「天ぷらそば・うどん」で八五〇円。それ以外は六〇〇円前後が相場だ。とにかく安い。

さらにドキドキ、ワクワクが止まらなくなってしまうのは、これ以外に手書きの逸品メニューが三〇種類ほどあるのだ。これに「定食（ミソ汁付）」は二〇〇円。「半食（ミソ汁付）」は一七〇円をつけるという手もある。

四方を品書きに囲まれる中、一度、冷静になって今、自分は何を食べたいのか自問する。こういう時には、周囲の注文を参考にするのもいい。先客の注文に耳をそばだてる。六十手前のいかにもガテン系の空気を醸している男性はこうだ。

「カキフライ定食にご飯大盛り。生卵追加」

なるほど、フライをチョイスしたか。フライは食堂では花形のメニューだ。なにせ食堂は食材にお金をかけることができない。そうなると「とんかつ」や「コロッケ」は定番だとして、鮮魚は使える食材が決まってくる。魚介系のフライであれば「イワシ」か「アジ」。あとは揚げの技術が物を言う。揚げ物がおいしい店は何を食べても旨い。

仕事帰りの黒服と思しき三十代男性は、入ってくるなり一言。

「カツ丼」

直球勝負でいい。もう一人の先客が食べていたのは「もつ煮込定食」。これも店の名物らしく、捨てがたい。いろいろ思案した結果、今日の私だけの献立を給仕の女性に告げた。

「しょうが焼定食にハムエッグ。それに納豆をつけてください」

注文を終えると店内を少し落ち着いて見渡すことができた。やはり、ここもビールは大瓶。酒は「利久」と「大関」と潔い。ちなみに、「利久」は、一九一八年に勃発した大正の「米騒動」をきっかけに、米を原料とせず、でんぷんにアミノ酸を加えて発酵させて造った合成酒だ。製造元が理化学研究所（通称理研）なので理研酒とも呼ばれている。

壁掛けのテレビをぼんやり眺めていると、味噌のいい香りがプンッとした。そして一気にテーブルの上が華やかになった。味噌汁の中身はじゃがいも、人参、ほうれん草。白米は丼ではなく大きめの茶碗によそわれている。玉ねぎと炒められたしょうが焼は、見た目にも白米を呼びそうな濃い色をしている。ハムエッグは玉子二個とやや厚めのハム二枚。付け合わせの千切りキャベツの下にポテトサラダが忍ばせてあった。さあ、いただくとしよう。

まずはメインのしょうが焼。意外だったのは食堂にありがちな豚バラ肉ではなく、食べ応えのある肩ロースの薄切りが四枚。味はしっかりとした醤油味。生姜の爽やかな辛みが食欲をそそる。味の染みこんだ玉ねぎもシャキシャキとしてアクセントになる。まずはこれを頬張り、白米を掻っ込む。

次にハムエッグ。醤油かソースか、はたまた塩か。好みが分かれるところだが今日は王道の醤油でいこう。目玉焼きは二個付け。黄身は半熟。白身の部分がチリチリと焦げているのがいい。玉子かけご飯もいいが、火の通った目玉焼きはまた違った趣がある。ハムのほんのりとした塩味が飯を呼ぶ。

ここで納豆を追加した。大粒の納豆には薬味の葱がたっぷりと入っている。脇に添えられた芥子がいい。ただ納豆をそのまま出すのではなく、ひと手間をかけるあたりに食堂の矜持を感じる。

二〇一九年、この「丸大ホール本店」を六〇年にわたって切り盛りしていた大女将が亡くなられた。地元の新聞にも掲載されたが、御年九十一だったという。記事によると、もともと甘味を提供する飲食店として創業。現在の大衆食堂へと形を変えたのは戦後まもなくのことらしい。昼間、入店すると「食事ですか、飲みですか」と尋ねるのも当時からの流儀だそうだ。

たまたま隣に居合わせた男性に、声をかけてみた。年の頃は六十過ぎという感じか。白髪を小ぎれいに整えていて、身なりもしゃんとしている。ちょいとべらんめぇ口調で、腕の良い大工の棟梁かと思ったが、つい最近、仕事をあがったばかりのタクシーの運転手だった。この店には、かれこれ三〇年通っていて、今日は朝飯を食べるためにやってきたそうだ。

「川崎は食堂が多いけど、ここは刺身が旨いでしょ。それに季節の小鉢があるのもいいね。この季節だったらタケノコ煮とかおいしいよ。通し営業だから独り身には有り難いね。いつだって開いているんだから」

そう言いながら、小声で昼飯、夕飯時は外すのが常連の作法だと教えてくれた。

「時々、無性にカレーライスが食べたくなるんだよね。昔ながらの味というか。カレーの具だけを小鉢でとることもできる。これを舐めながらホッピーをやるのもいいね」

口開けの食堂の居心地の良さを、その男性は「自由きままだね」と表現した。人様がこれから働こうとしている時間にテレビを見ながら好きな飯を食う。あとは帰って寝るだけという気ままさがたまらないそうだ。現役のタクシードライバーをやっていた頃も夜勤明けによく通ったという。

忘我の時もあっという間に過ぎる。長居は野暮というものだ。男性に軽く御礼を言うと、一二七〇円のお勘定を済まして外に出た。コロナ禍でも平日の喧噪がそこにあった。川崎は働きに出た人でいっぱいだった。

大通りを歓楽街の方向に向かって歩いた。酒を店先で立ったまま呑む「立ち飲み屋」も何軒か健在だったが、やはり食堂と比べると、くすぶっている連中が多いような気がする。コップ酒一杯の付き合いに比べて、食堂で飯を食うという行為は、どこか疑似家族的で温もりと安堵がある。だから食堂に人は惹かれるのだ。こうした場所はいつまでも街の一部としてそこにあって欲しい。一軒とて廃れて欲しくない。強くそう思う。

街のそこかしこに水の気配を感じる川崎。その川の流れはゆったりと淀んでいて、人間の喜怒哀楽を飲み込んで泡沫の彼方へと消えてゆく。そして、そんな川の縁になぜか今日も立ちたくなって、私は川崎の駅を降りる。「食」と「性」が人間の「生」の基本であることを、これほど分かりやすく見せつけてくれる街はない。川崎の街は今日も生きているのだ。

二〇二三年九月十六日、京浜工業地帯で稼働していた最後の製鉄所の高炉が操業を停止した。二十四時間、途切れることなく川崎の空を燃やした「高炉の火」。この高炉で働く労働者こそ川崎の〝めしや〟の主人公だった。とくに夜勤明け、作業着のまま朝から豪快にビールをあおるその姿は、ある時代まで川崎の街のシンボルだったという。

「横浜市民酒場」――その歴史と心意気

工業地帯の労働者に愛された酒場

絶え間なく特急電車が行き来するその駅前に立つと、どこからともなく海の潮の香りがプンッとした。ここは、横浜と川崎の中間地点にある新子安。京浜急行電鉄の新子安駅西口を降りるとヨコハネ線（首都高速神奈川一号横羽線）の高架が視界に入った。その先は東京湾を埋め立てて造られた京浜工業地帯。戦後、日本の高度成長の原動力となった眠らない工場と倉庫の群れが、目と鼻の先に広がっているのだ。潮の匂いがする理由がそこにある。

夕暮れ時の駅前を歩く。八百屋、大衆食堂、雀荘、カラオケ店などに混じって、歴史を感じさせる大衆酒場がひっそりと佇んでいた。看板の屋号は「諸星《もろぼし》」。大人の腰丈あたりまで垂れ下がった藍色の暖簾には「市民酒蔵」の文字が誇らしげに躍る。そう、横浜最古参の酒場の一つ「諸星」は、半世紀以上、京浜工業地帯で働く労働者に愛されてきた。

「諸星」の暖簾には「市民酒場」の文字

口開けは十六時半。どこからともなく人がやってきて、半時もたたないうちに店内は満席となった。聞くと創業は昭和初期、当初は酒場ではなく酒屋だったそうだ。古地図を紐解くと、明治から昭和初期にかけて、この一帯には関東有数の海水浴場があった。その仕掛け人は京浜電気鉄道。東京湾の最奥部の砂浜を整備し、同じ京急沿線の羽田、大森と共に海水浴場として開場したのだ。

その狙いは大当たり。夏休みには京浜鉄道に乗って大勢の家族連れが押し寄せた。海岸線には現在の「海の家」の前身となる旅館が建ち、割烹料亭や遊郭も登場。都心から黒塗りの高級車でやってくる政財界の大物もいたそうだ。昭和、平成、令和という時代をかいくぐってきた諸星の店内には、その歴史がこびりついている。

店はグループ客のための四人がけテーブル席が五つ。一人客には細長いカウンター式の長テーブルが用意されている。常連の指定席はカウンターの一番奥。頭の上には神棚とテレビ。大相撲とベイスターズの試合は必ず放映されている。圧巻は棚をびっしりと埋め尽くす酒瓶。元酒屋とあって酒と名のつくものは何でもある。名物は焼酎に専用の梅シロップを垂らした割梅（ここでは梅割ではない）。そのほかにもトマトジュースをウォッカで割ったブラッディシーザーやズブロッカとトニックを混ぜたズブトニックなどユニークな洋酒まである。

この日は三人だったので、テーブル席に案内された。雨の降る肌寒い日だったが、やはり最初はビールを注文した。

「大瓶一本ください」

すぐにキンキンに冷えたキリンの大瓶が運ばれてきた。短冊に手書きされた品書きに目移りするが、まずはこの店の名物の「煮込み」「しゅーまい」「ポテトサラダ」の定番を食べないと始まらない。とくに「煮込み」は、東京三大煮込み「大はし（北千住）」「岸田屋（月島）」「山利喜（森下)」と肩を並べる名品だ。運ばれてきた「煮込み」は赤味噌ベースのツユで煮込まれていて、ビーフシチューを彷彿とさせる。極限まで柔らかく煮込まれたホロホロのホルモンとコンニャクの食感がたまらない。赤味噌ベースのツユにはホルモンの旨みが溶け込んでいて、洋食の趣さえ感じる。

そんなことを思っていると、品書きに「バターパン」の文字を見つけた。早速、頼むとバターの香りがたまらない焼いたロールパンが登場。残った煮込みの汁をこれで拭って食べるのだが、バターの香りと味噌のコクが相まって、思わずワインが欲しくなる。ただ歴史があるだけではない。愛される酒場は時代と共に進化しているのだと実感した。

それにしてもカウンター席に座る一人客の独酌は絵になる。筋骨隆々の日に焼けた現場労働者のおじさんは、ジャージにスリッパ履き。この周辺に暮らしているのだろう。会社帰りの若いサラリーマンは、くたびれたネクタイを外すと瓶ビールの入ったグラスを一気に飲み干した。いずれも酒場の作法が堂に入っている。ビールかチューハイのグラスに、アテは枝豆か煮込み。余計な皿はテーブルにない。棚上のテレビに目をやりながら、静かにグラスの酒をグビリとやる。目を細めてアテを一口。そして決して長居はしない。半時ほどで席を立ち「また明日」と言ってそそくさと帰っていく。また、勘定を終え、今日はお看板かと思いきや、顔見知りの客を見つけて最初から飲み直し。どの常連もこの店が自身の生活の一部であることをうかがわせる。

太平洋戦争と「市民酒場」

さて、気になったのは、あの暖簾の「市民酒蔵」の文字だ。実は開店当初は「市民酒場」だったという。横浜の古い酒場を歩くと、この「市民酒場」という文字を見かける。いったい、その聞き慣れない単語の由来は何なのだろうか。

私が市民酒場という聞き慣れない言葉に出会ったのは、かつて横浜・野毛《のげ》にあった「武蔵屋《むさしや》」という大衆酒場だった。そこは風変わりな酒場で、看板も暖簾も品書きさえない木造一軒家。外観からは本当にここが店なのかと疑う佇まいだった。恐る恐るすりガラスの引き戸を開けると、年季の入ったカウンターと小上がりが現れる。厨房に立つのはすべて女性で、御年九十歳になる二代目女将が忙しく手を動かしていた。武蔵屋はいつ出かけても酔客の心地よいさざめきと団欒があった。酒は盛夏でも銅製燗付器でつける燗酒、頼めるのは都合三杯まで。武蔵屋はまたの名を「三杯屋」と呼ばれていた。

横浜の飲兵衛の間で「聖地」と呼ばれていた武蔵屋の創業は一九一九年。横浜市中区で酒屋として開業し、今でいう「角打ち」を始めた。しかし、関東大震災の影響で移転。その後も太平洋戦争の横浜大空襲で店舗が焼失し、野毛へと移転した。私は閉店直前の数年しか知らない。ある日、閉店間際のカウンターで、女将に横浜と店の歴史を聞いていた時、その会話に登場したのが「市民酒場」だった。酔いも回っていたのではっきりとは覚えていないのだが、確かこんな話だった。

「戦時中、酒が配給制になって、おおっぴらにお酒を売れなくなったでしょ。酒屋や大衆酒場の店主が市民酒場という組合を作って、戦下でも貴重な酒を飲めるようにしたんです。うちもね、その一軒だったんですよ」

実は武蔵屋は二〇一五年に惜しまれつつ閉店、幕を下ろしたが、いつか「市民酒場」について調べたいと思った。そして今回、改めてその由来について取材を始めると意外な事実に突き当たった。実は横浜市内にはかつて約二〇〇軒の市民酒場が存在したというのだ。

その歴史は太平洋戦争中の一九四四年に遡る。この年、米国との直接決戦を前に、政府は「決戦非常措置要綱」を制定し、警視庁は東京都の飲食店や劇場などに対し一年間の休業命令を出した。やがて「享楽追放」のかけ声のもと、一部の大衆食堂や大衆酒場、おでん屋などを除き、高級料亭やカフェー、酒場はみな休業に追い込まれたのである。そもそも、この数年前から戦況の悪化に伴い、巷では「ぜいたくは敵だ」の官製スローガンが叫ばれ、一九四一年にはビール、酒が配給の対象となっていた。つまり、内でも外でもおおっぴらに酒を飲むのがはばかられる世情だったのだ。

そんな窮屈な世相を憂いたのが後に総理大臣となる当時三十四歳の大平正芳（東京財務局関税部長）だった。大平は統制と配給によって余った業務用酒を、行政が管轄する官制酒場で売りだそうと考えたのだ。それが帝都東京で始まった「国民酒場」だった。当時の新聞を見ると、この公営酒場では一人あたりビール一本、もしくは、日本酒一合が飲めたそうだ。どの国民酒場も入り口で整理券を買い、それと引き換えに酒を受け取るという仕組みだった。店の前には開店前から長蛇の列ができ、割り込みなどをめぐって客同士のトラブルが起きるのも珍しくなかったと結ぶ。この大平の「国民酒場」構想は東京で始まるが、やがて全国の都市で名前を変えて普及する。大阪や北海道では「勤労酒場」。そして、横浜で誕生したのが「市民酒場」だというのだ。

「まっとうな値段で旨い酒と食事を」

横浜の市民酒場について貴重な資料が残っている。一九八五年横浜市中区区政五〇年を記念して作られた『横浜中区史』だ。そこには統制下の大衆酒場の様子が収められている。

「この頃の三級酒を売る大衆酒場で一日平均売上げは問屋からの配給によって一升二・三合（二・一六～二・三四リットル）程度の売上げでは商売にならないため、ヤミ値で横流しや自家消費をするという現状であったので、県は市民酒場の構想を立てたのであった」

そこで県は市内にあった七〇〇軒の大衆酒場を、三店一組に統合して、共同経営の酒場とした。個人の横流しやヤミ売りなど情実売りを防ぐのが目的だった。そうして誕生した「市民酒場」が二〇〇軒。一日の来客は一〇〇人。店への配給は各店の一カ月の酒の消費量と売り上げによって「一部」から「三部」に分けられた。客入りが少ない「三部」の店では、そもそもの配給量が少ないことから、開業しては、四、五日休業する、というスタイルの店もあったそうだ。『横浜中区史』には当時の市民酒場の様子について、こういう記述もある。

「六時十五分前に行列を認め、五分前に番号札を渡して六時から開店するという仕組みであったが、伊勢佐木町の店の場合、わずか六分間で売りつくすという状況であった。市民が酒を渇望していた様子がよく判る」

結局、太平洋戦争末期、市内に点在していた市民酒場の大半は横浜大空襲で焼失することになる。しかし、配給という制度上の市民酒場は戦後も残り続ける。そして、酒の自由販売が再び解禁されるのが、終戦から四年後。この時、官主導の市民酒場がその役目を終え、横浜以外の「国民酒場」や「勤労酒場」はその後、街から姿を消したのだった。

しかし、横浜の「市民酒場」は、いわゆる大衆酒場として存続。市民酒場組合という飲食組合が誕生し、市内各所に屋号とは別に「市民酒場」の文字を掲げる酒場が残ったのだ。横浜の市民酒場の歴史をまとめた季刊誌『横濱市民酒場グルリと』の中で、配給のための官主導の酒場が消えても、市民酒場はなぜ残ったのか、という問いの謎が紐解かれている。

「東京やほかの地域では、行政が主導となって（配給のための酒場を）創設したため、配給制度とともにその役目を終え名前は消えていきましたが、横浜では戦前から元々あった飲食店組合という性格があったというのがひとつの理由だと考えられます」

実は物価が安定しない時期、横浜の市民酒場では酒の価格を一定にして、明朗会計を貫き通したという逸話が残っている。「まっとうな値段で旨い酒と食事を」が市民酒場の心意気なのだ。

年月を経て、組合としての機能も終えた横浜市民酒場組合は、二〇一〇年に解散したという。

しかし、市民酒場にルーツを持つ酒場は横浜市内に今も数多く実在している。ただ屋号の脇に

「市民酒場」の文字をあえて掲げる店は「諸星」を含め市内に三店舗しかない。戦後は京浜工業地帯で働く三交代制の労働者が、朝からビールを飲んだ市民酒場。横浜にはかつて「横浜公園平和野球場（のちの横浜スタジアム）」もあって、横浜市民の心のよりどころだった。海に開けた労働者の街には「市民」の二文字がよく似合う。

労働者の腹を満たす深川の〝めしや〟（上）

大衆酒場の秩序と哲学

店に入り、いつもの常連がカウンターに座る。

「瓶ビールちょうだい」

間髪入れずに運ばれてくる、キンキンに冷えた瓶ビール。しかも、都心ではあまり見ることがなくなった大瓶。これが実にいい。東京の下町でビールといえば昔から、キリンの大瓶と相場は決まっているのだ。

ここは東京都江東区森下《もりした》。この場所がまだ「深川区《ふかがわく》」と呼ばれていた一九二五年から、この地で赤提灯を灯しているのが大衆酒場「山利喜《やまりき》」である。

開店は午後五時。目印の赤提灯に明かりが灯ると、慌ただしく席が埋まってゆく。開け口からの三〇分。やってくる客のほとんどが一人客の常連だ。なかには半世紀近く通っているというツワモノもいると聞く。足元はサンダルか運動靴。革靴の人は見当たらない。

善き大衆酒場には、ルーティンがある。秩序がある。哲学があると、私は思っている。

例えば、先ほど瓶ビールを注文した常連の男性。ビールをグビリとやり、ふうーっと口髭に白い泡をつけて、幸せそうな顔をしているタイミングで、さっと名物の「焼きとん」が運ばれてき

大衆酒場「山利喜」の赤提灯

た。

「かしらの塩焼き、ればのタレ焼き、たたき一本。よく焼きです」

男性はこの注文をしたわけではない。けれども、店の側は知っているのだ。おそらく、長い間、同じものを食べ続けてきたのだろう。この男性にしてみれば、ビールと焼きとんからスタートするのが、この山利喜のルーティンなのだ。しかも店主も、それが特別なことだとは思っていない。素知らぬ顔で、いつもの通りのことをしているだけなのだ。これはサービスではない。日常の一部なのだ。つまり、この客と店とは、そういう関係性なのだ。

ところで、焼きとんとは何か。これは豚の内臓を串に刺して炭火で焼いたものだ。まだ「肉」が貴重だった戦後の時代に、東京の下町に広まったものだ。実際には肉と言っても「臓物」。つまり、関西で言うところの「ホルモン」である。

品書きの種類は一一種類。「はらみ（横隔膜）」「かしら」「軟骨」「たん（舌）」「はつ（心臓）」「ればく（肝臓）」「しろ（小腸）」「がつ（胃袋）」「こぶくろ（小袋）」「てっぽう（直腸）」「軟骨入りのたたき」。

男性が頼んだ「かしら」は豚の頬肉。注文を通す際には「こめかみ」と呼ばれることもある。口を動かすための筋肉なので、弾力があり噛みごたえがある。大振りに包丁でカットされていて、食べると熱々の身が口の中で爆ぜる。そして、カリカリに焼かれた甘い脂が口の中に溶け出す。これは塩焼きがいい。

「ればく」は肝臓のことだが「レバー」とは書かない。カタカナ文字はもっぱら牛肉の肝臓のことだ。獣肉の中でも豚は正肉に当たるロースやヒレの部分でも「ちゃんと火を通さないとあたる」と言われてきた。牛にしても豚にしても、獣肉の臓物は新鮮でなければ売り物にならない。だから、焼きとんは、臓物の独特の臭味を消すために、キリリとした関東の醤油が利いたタレ焼きが一般的なのだ。通は、これを塩で食べると言う。それは、流通と保存の技術が発達した現代だからこその味ではないか。「よく焼き」とわざわざ注文をつける客は、その多くが年配だ。

最後の「たたき」というのは、豚の軟骨を赤身肉とともに細かく砕き、団子状にしたもの。これは手間のかかった一品で、一日、二〇本の限定品だ。これは一人前二本と決まっている。それを、あえて「一本」にするあたり、美味しいものは独り占めにしないという、他の客と店への配慮が感じられる。

山利喜は、江東区を東西に走る新大橋通りと、東京スカイツリーのお膝元の本所吾妻橋から中央区の豊海水産埠頭を南北に貫く清澄通りが交わる交差点のたもとにある。森下の歴史は古い。現在でこそ森下は「江東区」に位置するが、かつてこの一帯は「深川区」と呼ばれていた時代があった。

日雇い労働者が暮らした町

「深川」とは江戸時代初期、摂津国《せっつのくに》（現大阪府）から移住してきた深川八郎右衛門が開拓したことに由来する。当初、この一帯は「永代島」と呼ばれ、隅田川を隔て、江戸城のある日本橋とは一線を画していた。しかし、両国橋がかかったことで急速に開発が進み、深川一帯は日本橋と並ぶ繁華街となる。ただし、日本橋が町人の町だったのに対し、深川は庶民の漁師町。神田祭、山王祭と並ぶ江戸三大祭のひとつ「深川祭」は、およそ三七〇年の歴史を誇る。この「深川」という地名は明治、大正、昭和と続くが、一九四五年の東京大空襲で一帯が焦土と化した二年後、区画整理によって「江東区」と変わる。それでも、今でも森下界隈に古くから暮らす人は「深川」という、今は消えた江戸の地名を背負って生活している。

この森下で生まれ育った森孝さんに出会った。一九五〇年生まれの森さんは、この地域で五代続く、大工の棟梁の家の生まれだ。森さんは、森下と隣接する今は墨田区菊川で育った。山利喜は目と鼻の先の距離だ。森さんもやはり、自分は深川生まれの深川育ちと自認している。戦後生まれの森さんにとって生まれ育った森下は、かつてこの連載でも紹介した東京最大の寄せ場「山谷」と同じ「ドヤ街」だったと言う。

「この町には公共職業安定所（通称・職安）があって、雨の日には、日雇い労働者が昼日中から酒を飲んでいました。道端では花札やチンチロリンのような博打をやっていて、日が暮れると、女性が一人で歩くなんてことは憚られる町でした」

森下の交差点から山利喜を横目に新大橋通りを菊川の方向に向かって数分歩く。江東区と墨田区の境界に立つ交番あたりを南に右折。裏通りに一歩入ると、そこは表通りの喧騒が一気に遮断され、町そのものが急に色褪せてゆく錯覚に陥る。

しばらく進むと数軒のビジネスホテルが、ポツリ、ポツリと現れた。ビジネスホテルと言っても名前が渋い。

「アヅマビジネスホテル」「ビジネスホテルレガート」「ホテルエドアイト」……。

どのホテルも繁盛しているとは言い難く、四角く切り取られた出窓にかかるカーテンは、いずれも締め切られている。町は静まり返っていて、行き交う人は極端に少ない。先述した通り、江東区は焦土と化した一帯を、戦後、区画整理した土地の上にある。そのため、地図を眺めると町は、幹線道路、水路によって碁盤の目のように南北、東西に区分けされている。しかし、この一体の路地は蛇のように蛇行している。やがて、ドキリとする名前のアパートに遭遇した。その名は「勉強館」。増改築を繰り返したのであろう。歪な三階建ての佇まいのアパートは、山谷などでよく見かける簡易宿泊所。いわゆるドヤである。玄関にはデカデカと「満室」と書いた紙が貼られていた。

その勉強館の真向かいに、かつてあったのが「木場公共職業安定所深川支部」（深川労働出張所）。二〇〇九年三月末に閉鎖され、現在は同じ土地に幼稚園が建っている。

「このあたりの町名は森下三丁目。かつては深川高橋《たかばし》と呼ばれ、東京でも有数の貧民街だったんです。私が生まれた戦後のすぐの頃から高度経済成長を経てバブルを迎え、そして、それが弾けるあたりまで、ずっと日雇い労働者の町でした。酔っ払いが路上で寝たり、ケンカをするなど治安が悪く、タクシーの運転手が高橋という行き先を聞くと、すみませんが降りてもらえますかと、乗車を拒否されたくらいですから」

そもそも、この高橋に低所得者が集まるようになったのは、戦後の話ではないと森さんは語る。

大正時代に書かれた「東京市内の細民に関する調査」によると、この高橋一帯は隣接する富川町、西町と併せて二四一六人の細民人口が計上されている。細民とは都市の下層に生きる市井の人々という意味。この調査は明治時代、当時の内務省主導によって始まり、東京市内の細民の戸別、長屋、木賃宿、細民金融機関、職工家庭について調査された、日本で最初の市民生活実態調査と言われている。

「うちは大工でしょ。今のように生コンも、ユンボ（パワーショベル）もない時代ですよ。仕事に必要な人足を調達するのは、もっぱら、この高橋の職安でした。カツギと呼ばれる人足が一番安くて、特殊な技能を持った鳶は日当が高い。なかでも、一人親方で優秀な鳶の職人を、私は、サムライと呼んでいましてね。一人でなんでもできるし、人間としても自立しているでしょ」

そんな肉体労働者の腹を満たすために、この一帯には「大衆酒場」や「めしや」が乱立したという。森さんは、当然、山利喜のことをよく知っていた。なかでも子どもの頃の記憶にあるのは、昔は鍋を持って買いに出かけた、焼きとんと並ぶ、この店の名物だったという。

それが「煮込み」だ。山利喜のカウンターに座ると、眼前に直径六〇センチほどの巨大な鍋でグツグツ煮込まれている、それが飛び込んでくる。煮込みとは今では広く知られた大衆酒場の定番料理だが、その代表格が、この山利喜だろう。

創業は関東大震災からの復興間もない一九二五年。その後、店は東京大空襲によって消失、その後、森下のこの場所で、再び、店を再開した。創業者の名前は山田利喜造。その名前が、そのまま店の屋号になったそうだ。煮込みを考案したのは二代目。当時、店はまさにバラックだった。

この二代目は調理人ではなかった。そこで肉が貴重な当時、タダ同然で売られていた臓物を、醤油や味醂などでグツグツ、煮込んで出す料理を発明する。これが、肉体労働者の胃袋を掴むことになり、やがて森下の名物となる。森さんにとって、この煮込みはソウルフードのようなものなのだ。

「ご近所でしょ。家庭の鍋を持って煮込みを買いに行くんです。五〇〇円で鍋いっぱいに入れてくれたものです。それを七、八人の家族で食べていました」

私も何度か、この煮込みを食べたことがある。東京の煮込みと言えば、大根や人参、豆腐などが入ったものが多いが、山利喜では潔くもつのみだ。焼きとんは豚だが、煮込みは牛。使うのは、シロ（小腸）とギアラ（第四胃袋）だ。これを毎日、夕方五時の開店に間に合うように、六時間以上かけて大鍋で煮込むのだという。煮込みのツユは、ほぼ毎日、継ぎ足して使い続けているそうだ。

当初はもっと粗雑な料理ではなかっただろうか。牛のホルモンの煮込みというと、ギトギトとした脂っぽい代物を想像するが、山利喜のそれは正反対だ。店主に話を聞くと、水を足しながら、丹念にアクと脂をとり、目を離すことなく煮込んでいくのだそうだ。客に供する時は、熱した専用の素焼きの皿に煮込みを盛るので、グツグツとまさに、鍋で煮込まれている、そのままの状態で運ばれてくる。

熱々の煮込みを口に入れる。旨い。主人の言葉の通り、脂っぽさは全く感じない。シロは昨今ではマルチョウとも呼ばれる。ホルモン焼きを出す店では、牛の小腸をそのままぶつ切りにして焼くからだ。ぶつ切りの牛の小腸の内側には、びっしりと脂がついていて、食感を生かす場合は適宜、取り除いて調理する。しかし、山利喜では、その脂は取り除くことなく使うので、その脂の部分が、フルフルとなって絶妙な食感を生み出している。たっぷりと盛られた長葱の風味がホルモンと抜群の相性だ。

一人、カウンターで煮込みを頬張っている女性は、ビールでも酒でもなく、グラスの赤ワインと洒落こんでいる。しかし、確かにこの煮込みは、どことなく洋風の香りがする。それもそのはずで、店の三代目はフランス料理店で修業した経験があり、昔ながらの下町の味を、ワインにも合う現代的な味へと進化させたそうだ。煮込みには洋食の煮込み料理で、やはり、肉や魚の臭い消しに使われるブーケガルニ（セロリやタイムなどの香草）が使われている。きざな言い方をすれば、この煮込みは非常に「美味」なのだ。

山利喜の品書きには「締め」がない。ここは、あくまで酒場であり、腹を満たすための場所ではないのだ。半刻ほど滞在し、ビール一本と焼きとん、煮込み、そして、東京名物のべったら漬けを食べて、一人、千円札二枚。

この価格だからこそ、地域の人が足繁く通うことができるのだ。

労働者の腹を満たす深川の〝めしや〟（中）

寄せ場社会と「馬肉」

ガラガラッ――。暖簾をくぐり引き戸を開けると、ひと昔前の下町にタイムトリップしたような別世界が広がる。

「いらっしゃいまし。何名様でしょうか？」

「みの家本店」の看板メニュー「桜鍋」

山利喜の並びにある「みの家本店」に足を踏み入れると、森下がまだ「深川」と呼ばれていた時代の気配を感じる。下足番に履物を預けて中へ。この時に手渡されるのが、いろは文字が刻まれた下足札だ。きょうは「ろ番」だった。

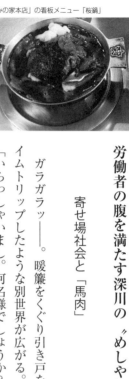

みの家本店はゆうに五〇人は入ろうかという昔ながらの「入れ込み座敷」が健在だ。目を惹くのは巨大な熊手。「おとりさま」の愛称で知られる浅草・千束《せんぞく》の「鷲《おおとり》神社」のものだ。東京では年の瀬の風物詩「酉の市」。金運を掻っ込む熊手を買うとご利益があるとされ、下町の飲食店では、この熊手を飾ってある店が多い。しかし、この店ほどのものは滅多にお目にかからない。一見の価値がある。

通されたのは熊手の真下の特等席。みの家の看板メニューは「鍋」。下町では「蹴飛ばし」と呼ばれる馬肉の「桜鍋」だ。大広間にはステンレス製の長テーブル。中央にガス台がセットされている。これでグツグツと鍋をやりながら、煮えばなを頂くという寸法だ。品書きにアサヒビール（大）とある。やはり、山利喜と同じでビールは大瓶しかない。とりあえず、鍋の用意が整うまでの間、東京らしい酒肴をアテに一杯やろう。

頼んだのは、「玉子焼き」と「べったら漬け」。まずはビールで喉を潤す。やがて、はこばれてきた玉子焼きは、東京でも滅多に見ることができない「正方形」だった。

そもそも、関東と関西では同じ玉子焼きでも、味も作り方も異なる。関西は「だし巻き」。たっぷりと出汁を含ませ、甘は入れない。長方形の鍋を使い、奥から手前に、何度も巻き込むようにして仕上げる。一方、関東は砂糖や味醂を使うため、出来上がりは香ばしい虎柄。正方形の鍋を使い、焼けた玉子の下に卵液を流し込み、最後に一度だけ、エイヤッとひっくりかえす。ムラなく美しく焼き上げるには熟練の技が必要だ。

「みの家本店」の玉子焼きは、東京の正統な焼き方なのである。それでいて甘さは控えめなのが嬉しい。醤油の染めおろしをちょこんと乗せて、熱々をほおばる。玉子の風味が口の中いっぱいに広がり、幸せな気分になる。一人で一皿を平らげる客もいるそうだ。

やがて、鍋が運ばれてきた。鍋と言っても、煮炊きをする底の深い鍋ではない。直径二〇センチ、深さは五センチ。鍋というより鉄板に近い。中には馬肉の切り落としと醤油味の割下。味の決め手は八丁味噌と江戸甘味噌を合わせた自家製味噌ダレだ。流れるような手さばきで、お給仕さんが鍋の準備をしてくれる。

「すき焼きの要領で煮込み過ぎない。色が変わったらサッと生玉子をつけて食べてください。足りなかったら、一人前から注文できますから」

火にかけると鍋はものの数分でグツグツと音をたて、食べ頃を迎える。よっぽど熱伝導がいいのだろう。早速、煮えばなをいただく。程よく火の通った肉を、玉子につけて口に放り込む。おお、旨い。見た目からは想像できない、あっさりとした味わいだ。馬肉も全くクドさを感じず、いくらでも箸が進んでしまう。三分の一を過ぎたあたりで、味噌ダレが割下と混じっていい具合になる。プンッと味噌の香ばしい匂いが立つ。これ以上、煮込むと味噌が煮詰まって焦げる。そんな時は、卓上の「濃割」と「薄割」という二種類の割下で調整する。かつての熱源は炭火だったそうだ。ここらで肉を追加。ヒレとロースがある。今日は、ロースを注文。ただ、常連は圧倒的に脂の少ないヒレだという。

肉が減り、鍋の底が見えてきたら「ザク」を投入しよう。ザクとは鍋の脇役で「葱、白滝、麩」をさす。とくに冬場に甘みを増して、おいしくなる葱は、千住にある東京唯一の葱専門の市場から、選りすぐったものだけを仕入れているそうだ。別名「千住葱」は関東平野の良質な赤土で栽培され、煮込み料理に最適とされる。江戸時代、魚河岸で誕生したあの「葱鮪《ねぎま》鍋」も、千住葱があればこその旨さである。

ここである疑問が頭をよぎる。なぜ、馬肉は「桜肉」と呼ばれるのだろうか。昔から獣肉はその肉色、肉質を指して猪肉は「牡丹」、鹿肉は「もみじ」、馬肉は「桜」と呼ばれる。なぜ「桜」なのか。諸説あるが新鮮な馬肉は赤みがかった色をしていて、それが「桜色」に転じたと信じられている。また、別の説もある。江戸時代、獣肉を食べることは禁じられていた。そこで、「蹴飛ばし」や「桜」とわざと言い換えた。つまり、これらの俗名は役人の目を盗んで食べるための「隠語」だという説だ。今となっては、どちらが本当かわからないが、いずれも妙な説得力がある。馬肉を食べる文化は牛や豚よりも古く、日本で最初に天皇号を使用したとも言われる天武天皇の時代の六七五年、「牛馬犬猿鶏の肉を食うことなかれ」という肉食禁止令が発布された時代から、日本人はお上の目を盗んで馬肉を食べていたことになる。

実は、馬肉は寄せ場社会とは深いかかわりがある。そもそも、馬肉を食べさせる店は、吉原など遊郭の近くに誕生した。馬肉だけに「馬力が出る」と信じられ、色街遊びの定番だった。そもそも、東京最大の寄せ場「山谷」と、東京最大の色街である「吉原」は今、土手通りを隔て隣接している。この土手通りに最盛期には十数軒の桜鍋屋があったそうだ。また、「馬力が出る」は転じて、肉体労働者の貴重なタンパク源としても愛された。

かつて、みの家本店は「川並鳶《かわなみとび》」という人々に愛されたという。深川には「木場《きば》」と呼ばれる町がある。森下から歩いて二〇分程度の距離だ。東京の地図に照らせば一目瞭然なのだが、この町は、東京湾に流れ込む隅田川の河口に位置し、いくつもの運河、そして掘割に囲まれている。

森下で受け継がれる東京の下町の味

木場の歴史は、徳川家康の江戸入城の時代にさかのぼる。家康は都市建設に不可欠な材木を扱う商人を全国から招集。やがて、江戸の人口は、各地から流入した労働者、参勤交代制度で集められた武士などで、一〇〇年ほどで人口一〇〇万人。世界最大の人口密集都市へと変貌する。しかし、「火事と喧嘩は江戸の華」と言われるように、江戸の町は度重なる大火に見舞われる。この時、延焼の原因とされたのが材木の「高積み」だった。そこで、各地に点在していた幕府御用達の材木商が隅田川の河口に集められた。こうして誕生したのが「深川木場町」である。

この町には木材に関わる、あらゆる商人、職人が集まり町を形成した。その風上に君臨していたのが川並鳶。彼らは材木の貯木場で原木を仕分け、検品する仕事を担った。当時の材木は、運河や掘割を利用した「木場」と呼ばれる貯木池で水に浮かべて保存していた。この深川一帯は、淡水と海水の混じる汽水域で、その水質が貯木には最適だったとされる。川並鳶は掘割を利用して材木を運搬する「筏師」、製材職人の「木挽き」、堀に面した材木倉庫に横付けした筏から、人力で材木を運び上げる「荷揚げ人足」を束ねた。

東京の無形文化財のひとつに「木場の角乗り」がある。これは足場の悪い筏の上で、曲芸を披露するものだが、これも川並鳶のハレの日の余興だ。また、同じく祭礼などで披露される「木遣り」と呼ばれる労働歌も木場発祥だ。川並鳶によって、江戸市中の鳶の頭に広まり定着した。木場では川並鳶の親方の下に若衆が統率される秩序立った組織が形成され、火事や水害などの災害時には、地域住民を守るために自発的に出動した。

先代が川並鳶だったという、七十二歳になる木場在住の男性はこう回想する。

「木場は本当に木の町でね、木場駅を降りるとプンッと木の香りがしたもんですよ。そこらの掘割には丸太が浮かんでいて、川並鳶の親方が陣頭指揮をとっていました。年中、炎天下で作業しているので全身、真っ黒に日焼けしていてね。親方は対岸で働く若衆に指示するので、いつも声を張り上げるんです。だから日頃から会話の声も大きくて、すぐに、町の人は分かる。祭りになると率先して神輿担ぐし、子どもながらに怖い存在でしたが憧れでした」

こうした話は深川を歩けば、そこかしこに転がっている。ただ、一九八一年、職業としての川並鳶は、木場そのものが、現在の「新木場」に移転したことを契機に途絶えた。移転の理由は、高度成長期以降、輸入材などの取引量が増大したことで貯木場の拡大を強いられたのだ。貯木場に使われていた運河や掘割は埋め立てられ、広大な公園や親水公園に生まれ変わっている。現在、木場の町は「元木場」と呼ばれている。

話が長くなってしまったが、こうした木場で働く労働者が「みの家本店」の常連だった。残念ながら当代の主人も、女将さんも、実際に川並鳶の親方に接客したことはないそうだ。ただ、店にはこんな逸話が残っている。

「一九五四年に建てられた日本家屋は、全国から銘木を集め、贅沢なつくりになっています。木場で働く常連さんが多かったことから、値踏みされぬようにしたのです」

確かに見渡すと格子、床柱、鴨居、欄間に至るまで、店の誂えは見事だ。見えないところに金を使うという江戸っ子の意気が見て取れる。それにしても、肉体労働を旨とする木場の人々にとって、この桜肉はたまらなかっただろう。深川には、深川飯という、浅蜊の剥き身を味噌でサッと煮込んだものを、丼飯に乗っけて食べる大衆飯が有名だ。しかし、それにも負けない丼が桜鍋の〆には待っている。酒をあまり飲めない私にしてみれば、この〆のために鍋はある、と言ってもいい。

ひとしきり鍋を平らげると御飯を注文。ゆうに二人前はある白飯がお櫃に入って登場する。まずは、べったら漬けで一膳。そして、やおら最後の仕上げに突入する。はじめてこの店で食事をした時、隣に座った常連らしき一人客の男性から、私は、この〆の作法を教わった。教わったと言っても、勝手に横目で眺めて真似をしただけなのだが。

その男性は空っぽになった鍋に、卓上の濃割と薄割を垂らし、いったん落とした火を再びつけた。あっという間に、割下が沸騰する。男性は残しておいたクタクタになった葱を使って、鍋底をまるで掃除するように拭った。馬肉から溶け出した旨みを逃す手はない、そう言っているようだった。次の瞬間、思いがけない行動に出る。小皿に残った溶き玉子を、鍋に投入し、すぐに火を落とした。そして、玉子が半熟の状態のうちに、これを白い御飯の上にのっけて、一気呵成に掻っ込んだのだ。つまり、他では食べることができない即席の玉子丼だ。

これを覚えてからというもの、誰も知らないこの店の秘密を知ったようで、心が躍った。しかし、次に訪れた時、店内を見渡すと、誰もが同じことをしていることに気付き、気持ちが少し萎えた。知らなかったのは自分だけだったのだ。この〆の玉子丼は理屈抜きに旨い。味噌の風味が絶妙で、食欲を加速させる。半分ほどさらった後で七味唐辛子を振るのがいい。二膳分の白飯もあっという間になくなってしまう。この〆は別腹なのだ。

森下で受け継がれる、東京の下町の味。もし、初めて店を訪れるなら、夕方まで通し営業の日曜日の午後、少し、遅めの時間をおすすめする。昼時の賑わいの余韻を残した店内には、穏やかな時間が流れているだろう。満腹の多幸感に浸かりながらお会計をする。逗留小一時間。飲んで、食べて、追加して、一人五〇〇〇円程度だ。表通りに出て、あらためて店の看板を見上げる。その視線の先に広がる東京の空。下町の飯屋も、酒場もいいが、たまにはこうした特別な場所での食事もいい。あの入れ込み座敷には地元の人々の歴史と息づかいが染み込んでいる。

労働者の腹を満たす深川の〝めしや〟（下）

「暖簾がかかっている」ことの尊さ

しばらくの間、休業させていただきます――。いったいこの張り紙を何枚、目にしたことだろうか。新型コロナウイルスが日本に上陸してからというもの、東京の街のあちこちで同様の張り紙に遭遇した。それが一時のことであればいいのだが、寄せ場社会においてこの張り紙は、そもそも店仕舞いを意味する。ふと思い立ち「あの店で一杯やりたいな」と店を訪れてみると、ぴしゃりと戸を閉ざしたまま二度と暖簾があがることはない。そんな経験は一度や二度ではない。

「はやふね食堂」の、丼一杯の御飯とおかず

何しろ、この連載に登場するような店は、零細の個人商店で、お年寄り夫婦、あるいはおじいさん、おばあさんのどちらかが一人で切り盛りしている。寄せ場周辺の町の住人は高齢化し、ほとんどが保護暮らし。ここ十数年の「下町ブーム」「横町ブーム」で遠方からはるばるやってくる客がいるにしても、商売のスタイルは完全に地元密着だ。

しかし、こうした不易の町の飲食店は、仕込みや酔客の対応など、苦労と手間がやたら多い割には実利がなく、商売を喜んで引き継ぐ者はない。その苦労を知る身内は尚更だ。つまり、今店に立っている者が何らかの理由で、これ以上、仕事を続けられなくなったら、それで店の寿命も尽きて終わることになる。

赤提灯、屋台、立ち飲み屋、一膳飯屋、横町、ガード下……。「密」から逃れては成立しないこれらの店の幕引きまでの時間が、コロナによって加速することは間違いない。だからこそ、「いつでも暖簾がかかっている」ことの尊さを噛みしめている人は多いだろう。

東京都江東区森下にある「はやふね食堂」も、コロナ禍で営業時間こそ短くなったものの、これまで通り、定休日を除くと毎日、営業をしていた。創業は一九六〇年頃。はっきりとしたことは分からない。ただし、この町が森下ではなく深川と呼ばれていた時代から、この場所で営業をし続けていることは確かだ。

店は「森下三丁目」の交差点の付近にある。

表通りの都営新宿線・森下駅から徒歩七〜八分。駅前の清澄通りを深川方面に歩き、商店街を左折。清澄通りの東側に並行して伸びる通りにたたずむ。一階は店舗だが、二階から上は三階建ての古いマンション。住人の生活の匂いがむきだしになっているあたり、さすが下町だ。色褪せた暖簾の向こう。二間間口にかかる引き戸が、半分ほど開いていた。

口開けは五時。暖簾がかかると同時に、ドカドカと客がやってくる。いずれも高齢独身男性だ。足下は草履履きなので近所に暮らす人だろう。ドヤと呼ばれる簡易宿泊所や、木賃アパートに暮らす人ばかりだ。大人数でやってくる人はまずいない。

客が一〇人も入ればいっぱいになる店内。そして、その倍はあろうかという広い厨房。年がら年中、つけっぱなしのテレビからは、相撲か野球中継が流れている。変わらないのは厨房で、黙々と仕事をこなす無愛想なおじさんと、いっけん、つっけんどんとしているが、話せば情に深い女将さんのコンビ。今日も時折、駄洒落を交えながらの客あしらいが冴える。

「○○さん、おかえりー。今日は何にするー」

「うちはテイクアウトはやらないよー、セーフじゃないと」

結局、何年も通っているのに、女将さんの名前は聞いたことがない。あっても毎回、違う。改めて名前を聞いたが「名無しの権兵衛だよ。そうか、名無しのろくでなし子か。ハッハッハッ」と豪快に笑い飛ばされて終わった。

甘辛い煮付で山盛り御飯を食らう

寄せ場社会では、めしやは孤独の吹きだまり、だという。この「はやふね食堂」のある場所は、通称「高橋」と呼ばれる。この地名は近くを流れる小名木川という運河にかかる橋の名前に由来しているのだ。

「高橋」と言えば、ある時代までタクシーの運転手が寄りつかない場所だった。言うまでもなく、そこはドヤ街。食堂の裏手が、かつての職業安定所で、その周囲には木賃宿がひしめいていた。今は職安も閉鎖され、木賃宿はビジネスホテルに姿を変えている。

大正時代の末期から昭和の終わりにかけて、この高橋周辺には、日雇い労働者の腹を満たす「めしや」が点在していたそうだ。この「はやふね食堂」は、そうした時代の匂いが染みついた、この町では最後の店なのだ。壁に張り出されているお品書きが、当時を物語る。

何しろ、いずれの品も手をかけた逸品ばかりなのに、安い。食事ならせいぜい一〇〇〇円。酒を飲んでも二〇〇〇円あれば満足できる。面白いのはやってくる客によって、注文の仕方がてんでバラバラなことだ。

口開けと同時にスポーツ新聞片手に入ってきた、七十代と思しき男性。一番奥のテーブルに陣取ると、脇の冷蔵庫から勝手にキリンの大瓶を取り出し、グビリ。気持ちよさげに駆けつけ二杯を飲み干すと一言。「お新香」。おかみさんの、「はいよー」の声と同時に、自家製のキュウリの糠漬けが三切れ乗っかった小皿が登場。これで三〇〇円。新聞とテレビの画面とを交互に眺めながら、マカロニサラダ（一五〇円）を追加して二〇分でお勘定。勝手にとったビール瓶はお勘定の際の目印になる。一〇〇〇円札一枚でご機嫌で自転車に乗って帰って行った。

テレビで野球中継が始まると、女将さんの手が止まる。かなり熱心なジャイアンツファン。注文とるのも忘れて、テレビに釘付けになる。今年はコロナの影響で無観客試合ということもあって、いまいち応援にも熱が入らない。それでも、点が入って逆転すると、手を叩いて大騒ぎ。そこに、作業着姿のガタイのいい若い男性がやってきた。

女将さんは酒を飲まない一人客と察知すると、テーブルではなくカウンターに誘導する。壁にずらりと並ぶ献立に目を泳がせながら、男性は今日の自分だけの献立を思案する。

「豚焼肉（三二〇円）、冷や奴（一九〇円）、浅蜊の味噌汁（一三〇円）」

口数少ない男性の注文を、女将さんは鉛筆で伝票につけていく。

「御飯はどうする？　大盛りにする？」

実はこの店が「めしや」である所以は、大盛（三一〇円）、中盛（二七〇円）、並（二四〇円）。半食（一三〇円）という御飯の注文の仕方にある。実際、この店の「並」は、丼茶碗にすり切り一杯。大盛に至っては、一昔前の漫画に登場するような、丼茶碗にこんもりと山のようによそわれた御飯が登場する。半食は通常の飯茶碗に一杯だ。今では大盛を頼む人は減ったようだが、昔はそれが普通だった。

結局、その男性は「中盛」を注文したが、それでも、現代では十分に量が多い。

この飯の量に対して、計算されているのがおかずの味付けだ。はやふね食堂の一品料理は、一昔前の東京人が、これぞ「下町の味」と太鼓判を押す味付けだ。特徴はいずれも味が濃いのだ。

例えば定番の「塩さけ焼き」（三二〇円）は、それだけをつまめば、思わず目が覚めるほど塩がきつい。一切れで茶碗一杯どころか、下手すると丼茶碗一杯を平らげることができる。他に「甘塩メザシ」（三二〇円）や「さんまの塩焼き」（三五〇円）もあるが、どれも塩はきつい。

また、正統な東京の下町の味を堪能できるのが野菜の煮物。季節によって種類はあるが、「かぼちゃ煮」と「里芋煮付」（いずれも二〇〇円）は外せない。どちらも、醤油と砂糖でコテッと味がつけてある。この甘辛も御飯を呼ぶ。

そして極めつきが「おから煮付」（一五〇円）だ。人参や椎茸など五目野菜が入ったおからは、見た目はそれほどではないが、他のどの品書きよりも味が濃い。有り体にいえば、しょっぱくて、どうしようもない。けれども食べ付けると、これが癖になるから不思議なものだ。

結局、若い男性も中盛の白飯をきれいに平らげ、女将さんもご機嫌だ。

「一〇〇〇円いってないから、大丈夫。はい、明日もがんばって」

そう言って送りだされる若者の足取りは、店に入ってくるよりも軽くなったようにみえた。

はやふね食堂の暖簾には、デカデカと「お食事の店」との文字が染め抜かれている。そう、ここはあくまで「めしや」であって「居酒屋」ではないのだ。けれども、御飯を呼ぶ、味の濃いおかずの数々は、のんべえにはたまらないアテになる。あの「おから煮付」があればずっと飲めるという人もいる。

女将さんが「ここは居酒屋じゃないよ」と一家言を持っているのは、やはり、この一帯が寄せ場だったという歴史があるからだ。店ではいわゆる「コップ酒」は置いていない。元土方だったという老人がこんな話をしてくれた。

「昔の土方は安いコップ酒の一杯や二杯では酔わなかった。それが、もう一杯、二杯となり、気がついたら一升なんて話はいくらでもあった。酒を飲めばくだをまくでしょ。そうなると、小さなことでも腹の虫が治まらなくなって、居合わせた客と口論になる。泥酔して記憶をなくす輩もいる。そうなると厄介なんで、めしやでは酒目当ての客は歓迎されないんですよ」

女将さんもすでに泥酔した客が来ると、まだ陽が高くても「今日はもう閉めるよ」とか言って追い出す。かつての高橋では酒のトラブルが引きも切らなかったそうだ。

ある時、清潔な身なりにシャツをまとった、白髪の老人と居合わせたことがあった。足下だけサンダル履きで、近所に暮らしていることが分かる。その老人はテーブルに座るなり、冷酒とマグロブッを注文。運ばれてきた冷酒を、実に旨そうに飲み干すと、姿勢を正し、懐から文庫本を取り出すと静かにページをめくりだしたのだ。文庫本にはカバーがかけてあるので、誰の作品かは分からなかった。その折目正しい絵になる姿に、思わず声をかけずにはいられず「何の本を読まれているのですか」とだけ尋ねた。意外にもその本は髙村薫の『マークスの山』だった。

「やることがないのでね、書店で古本を買って読んでいるんです。ここだと静かだし、人がいても余計な会話が耳に入ってこないでしょ。看板娘も上品だから」

そう言って、老人は女将さんのほうを向いた。当然、どんな素性なのかは検討もつかない。ただ、家族がいるような気配はなかった。この老人は、夕暮れ時になると、つい暖簾をくぐってしまうと笑った。

はやふね食堂は〝昭和の風情〟と言ってしまえば、それでおしまいなのだが、どこか懐かしさが漂っている。そして、夕暮れ時に通ってくる客は、どこか〝寂しげな気配〟を纏っているように感じるのは私だけだろうか。恐らく、この高橋で一人暮らしをする人々は、会社や家族などといったしがらみとは無縁の人ばかりなのだろう。だからこそ、店と客がいい意味での冷たい関係にあるのだ。女将さんは店こそ仕切っているが、客個人の私的な領域には絶対に足を踏み入れない。だからこそ、文庫を静かに読みながら、杯を傾けている客には余計なことを話しかけたりはしない。下町は人情という言葉で形容されるが、それは単に和気藹々とした家族的な雰囲気という意味ではない。当然、サービスなどという概念が店側にあるわけもなく、客もまたそんなビジネスライクな関係を求めてはいない。

ごくまれに女将さんが、高橋の昔話をすることがある。この一帯は治安が悪かったですか、と聞くと、そんなことはなかったと言う。

「昔は着物の袖口から、チラッと絵が見えた人もいてね、それもみんな歳食ってさ、いなくなっちゃったよ。今はさぁ、背中の絵だなんだといっても、おかめかひょっとこだよ」

女将さんは二言目には、「疲れた」「今日は働いた」「もう、終わり」と口にする。年齢は尋ねたことはないが、戦中か戦後すぐの生まれであることは間違いない。女将さんからすれば、ここにやってくる客のほとんどは、若造だ。結局、はやふね食堂にくると何を頼もうか迷ってしまう。で、結局、あれこれ頼んで、テーブルにのらない量の皿がやってきて、「あんた、頼みすぎだよ」と怒られる。それでも嫌な気持ちになったことはただの一度もない。

夕暮れ時、表通りからは心地よいそよ風が入ってくる。引き戸の向こうには茜雲が広がっている。女将さんは曲がった腰をグッと起こして、誰もいない外に向かって背筋を伸ばした。もうすぐ、女将さんが心待ちにしている、ジャイアンツの試合が始まる。この店に「しばらくの間、休業させていただきます」の張り紙は当分かかることはなさそうだ。

第3章 「食」が写し出す首都東京の光と影

下町風情が残る佃1丁目から湾岸の高層マンション群を臨む

高田馬場――中国人留学生が集う街（上）

夕方五時、中国語が駅前に飛び交う

〈ふるさとの訛なつかし停車場の
人混みの中にそを聴きに行く〉

詩人・石川啄木は自身の代表作「一握の砂」の中でこう詠んでいる。停車場とは現在のＪＲ上野駅のこと。啄木の生まれた岩手など東北から、立身出世を夢見て東京にやってくる人が最初に降り立つ駅だ。ふるさとの訛（方言）が懐かしくて、つい上野駅の雑踏にその訛を探しにきてしまう。

啄木がこの句を作ったのが一九一〇年。それから百有余年。故郷である大陸を離れ、海を越えた日本で生活する中国人留学生は、この啄木の句に思いを重ねるという。ただし、舞台は上野ではない。早稲田大学の門前町であり、日本屈指の学生街として知られる東京都新宿区・高田馬場だ。この街は今「ニューリトルチャイナ」になろうとしている。

夕方五時。ＪＲ高田馬場の駅前は騒然となる。早稲田大学をはじめ、駅周辺にある日本語学校、専門学校の授業が終わり、そこに通う各国の留学生が、一気に駅の構内になだれ込むのだ。風貌やファッションこそ日本人と変わらないように見えるが、日本語は全く聞こえてこない。飛び交

中国人留学生向け看板が多い高田馬場駅前

うのは韓国語、ベトナム語、タイ語、台湾語、そして、圧倒的に多いのが中国語だ。朝夕の二回、高田馬場駅の周囲が、日本語以外の言語の洪水に飲まれてゆく風景は、ここ数年、この街の日常となりつつある。

早稲田大学に通う中国人留学生・徐博さんは、この駅前の雑踏に立ち、自らの故郷である浙江省の訛を探すのが日課だと語る。

「日本人からすると中国語は一つかも知れませんが、日本語にも方言があるのと同じように、地方によって言葉が異なります。故郷の方言が聞こえてくると懐かしくて、嬉しくなりますね。それに、言葉だけでなく、実はファッションも国や地域によって個性があるんです。それを観察するのが楽しくて。日本人には分からない感覚かもしれませんが、同じ同胞といっても中国は広大です。私は中国の南の出身なのですが、日本に来て初めて西安など北の出身の人に出会いました」

高田馬場の名物と言えば、駅前の雑居ビルに掲げられた巨大看板。かつては、日本人学生を意識した「学生ローン」や「予備校」の広告が並んだが、今では中文で書かれた中国人向けの看板ばかりが目立つ。その多くが「日本語塾」や難関大学を意識した「進学塾」「予備校」の看板だ。

＊

高田馬場を東西に貫く目ぬき通りが早稲田通りだ。並行して走る新目白通りが、交通量の多い幹線道路だとすれば、早稲田通りは飲食店が軒を連ねる生活道路。二〇〇〇年当初、早稲田通りは〝ラーメン街道〟の異名をとった。人気店が競って出店し激戦区を形成。安くて、早くて、旨いの三拍子揃ったラーメンは、腹を空かせた学生の胃袋を掴んで離さなかった。

しかし、都心部の地価の上昇とともにブームは去り、ラーメン店は減少する。代わって存在感を増しているのが、中国人が経営する食堂だ。「麻辣湯」「火鍋串串」「祖房四楼」「蒙古肉餅」「蘇茶」「沙県小吃」……。中文で書かれた店名からは、中国料理店であることはわかっても、どんな料理が出てくるか想像がつかない。全国の飲食店を網羅する食べログなどのグルメサイトにも掲載されていない店も多い。驚くのは雑居ビルの最上階。表通りには看板がないのに、連日、満員御礼の店もある。客のほとんどが中国人。料理は経営者の出身地の地域性が色濃く反映され、日本人に馴染みのある〝町中華〟とは別物だ。

ＪＲ高田馬場駅周辺の表通りだけでも、中国人が経営するこうした食堂が二五軒ほどある。裏通りや雑居ビルにも店舗はあるが数が多すぎて把握することは難しい。流動も激しく、半年で撤退する店もある。こうした食堂が進出し始めたのは、二〇一七〜一八年の出来事だ。中国福建省に本店を構え、中国本土で六万店を展開する「沙県小吃《サーシエンシヤオチー》」というチェーン店が、海外進出第一号店の場所に選んだのも高田馬場だった。

高田馬場駅前で地域密着型の不動産業を営む男性は、中国人が経営する店舗は今後も増えると予想する。

「表通りに面した元飲食店の居抜き物件でさえ、家賃は七〇万円〜八〇万円。契約時には敷金、礼金とは別に家賃一〇カ月の保証金が必要ですが、ほとんどの場合、即日、日本円の現金払いです。身元もはっきりしているし、家賃を値切ったり、支払いが滞ることもない」

そう言った上で、男性は私の耳元でこうささやいた。

「競合したら中国人経営者を選びます。金払いがいいんです」

高田馬場を目指す中国人たち

なぜ中国人は高田馬場を目指すのか――。高田馬場は中国人に人気の高い名門・早稲田大学に隣接するターミナル駅で、中国人留学生のための日本語学校、有名大学を目指す進学塾がひしめいている。今や〝早稲田ブランド〟は超難関の東京大学や京都大学を凌ぐ人気だ。早稲田大学は、二〇〇〇年代初頭の早い段階から中国に狙いを定め、留学生獲得に動いた。日本は長期的にみると少子化のあおりを受け受験生が減少することが目に見えていたからだ。

そこで、目をつけたのが好景気の影響で富裕層が急増し、日本とも距離が近い中国だった。二〇〇八年、文科省が発表した「留学生三〇万人計画（二〇二〇年を目標）」も追い風となった。その結果、最新の一八年の留学生総数は約一二九万八〇〇〇人にまで到達。その四割を中国人が占める。しかも、その留学生像は、従来の日本人の先入観とはかけ離れていて驚くばかりだ。

「中国人留学生は改革開放の恩恵を受け、同時に『独生子女（一人っ子政策）』で生まれた子どもたちです。だから、中流以上の家庭であれば、子どもを国外の私立大学に留学させ、毎月、家賃と生活費程度の仕送りをする経済的余裕があります。一人っ子なので、両親以外に祖父母、親戚からも援助が期待できる。中には、学生の身分でありながら、学費とは別に、親のお金で東京の一等地に投資用のタワマンを購入する超富裕層もいます。上を見たらきりがありません」

そう語るのは、早稲田大学法学研究科・民事法学専攻博士課程に在籍している魯潔さん。上海出身の魯さんも、大学の最寄り駅である東西線・早稲田駅徒歩一分の場所に両親に購入してもらったワンルームを所有。今は同じ境遇の同胞に貸し出している。魯さんの父親は、中国の国営企業に勤めるサラリーマン。中国国内では中流階級の家柄で生活に困った経験はない。

来日当初、受験のために日本語の「読み・書き」は猛勉強したものの、大学の授業の三割は聞き取れず、コミュニケーションもままならなかった。生活費を稼ぐためにアルバイトを始めるも、業種は居酒屋やコンビニばかり。日本語能力を飛躍的に上達させようと魯さんが飛び込んだのは、高度なコミュニケーション能力が求められるクレジット会社のコールセンター。督促状を出したにもかかわらず、逆上して電話をかけてくるクレーマーなど、一癖も二癖もある顧客に無我夢中で対応した。

「日本語を磨くために電話が鳴ると積極的にとりました。日本人じゃないと分かると、怒って責任者を出せと、すごむクレーマーがいたのですが、私を採用してくれた日本人の上司が、彼女は他の日本人の社員と全く同じ採用です、と言って守ってくれました」

こうした努力が実り、来日から四年目には読み書きだけでなく会話も不自由しなくなった。大学卒業後は、大学院に進学。今では難解な法律の専門用語や言い回しも日本語で楽々とこなす。魯さんは日本語を母国としない人の日本語能力を検定する「日本語能力試験」で、完全に日本語をマスターした証である「N1」ランクを有する。魯さんのような高度な知識と技能を持ちあわせている人材は「高度外国人材」と呼ばれ、外資系コンサル・投資銀行、国内総合商社、国内自動車メーカーなどから引く手数多だ。職歴を磨けば、日本の永住許可に要する在留期間が、最大で一年に短縮されるなどの優遇措置を受けることができる。

上海に近い中国・浙江省出身の鄒涛さんは、二〇一五年、中国の国立大学を中退し来日。日本語学校を経て、一八年に早稲田大学政経学部に入学した。

「今、ダイエットしているから、食べているのはエネルギーバーとコンビニで買ったペットボトルの水なんです」

そう言って、照れる鄒さんは、爽やかな笑顔が印象的な好青年。中国の中流家庭に育ち、やはり一人っ子。子どもの頃から親に否定された経験はない。その育ちの良さに好感をもてる。現在、大学近くの家賃二三万円のマンションで、友人三人と共同生活をしている。なぜ、ダイエットしているのかと聞くと、来日してから一五キロも太ったからだという。日本での外食が原因だそうだ。

「日本の食事は脂っぽく、炭水化物が多い。餃子の王将で、初めてラーメン餃子定食の存在を知った時は衝撃でした。中国人の感覚では、餃子もラーメンも白米も、どれも同じ炭水化物で主食だからです。それが中国料理と思われているのですから」

来日三年目とは思えない流暢な日本語を話す鄒さんは、日本語が難しいと思ったことは一度もないと話す。鄒さんの日本語能力は、魯さんと同じ「N1」レベル。中国にいる頃から独学で日本語を勉強した。自身は違うが、同世代の留学生には、例えば「火影忍者(NARUTO)」や「海賊王(ワンピース)」などのアニメがきっかけで日本語に興味を持った人も多いと話す。鄒さんによると、受験や大学の単位を取得するために日本語は勉強するものの、実際には授業以外で日本語を話す機会はほとんどない。

「日本人は集団行動が好き。いわゆる『飲みサー』に参加しないと友だちはできない。お酒はあまり好きではないので、どうしても同胞と話をすることのほうが多いですね。日本語のインプットはあるけどアウトプットする機会が本当にない。それでも、日本語を話さなくても生活できてしまうのが不思議ですね」

鄒さんは東京・市ヶ谷に本校を構え、高田馬場にも実習室がある「唯新学院」という中国人のための進学予備校で日本語教師のアルバイトをしている。学校の創立者も、運営スタッフも、学生も全て中国人だ。学校の壁には、今年合格した日本の有名国立、私立の名前がズラリと張り出されている。

代表は来日八年目の史昊さん(29)。中国でも有数の超エリート。米国の一流大学に留学している時、ニュースで東日本大震災を知り、その時の日本人の行動に感銘を受けたことが、来日するきっかけだったと語る。

「中国だったら暴動が起きる状況でも、日本人は沈着冷静で秩序を保っていました。その姿を見た時に日本に行きたいと思い、米国の大学を中退。慶應義塾大学の在学中に、中国人向けの日本語予備校を起業したのです」

儲けを優先するならば、日本ではなく米国でも母国でもいい。それでも鄒さんのように、日本の良好な治安やカルチャーなどソフト面に惹かれる中国人は多い。

現在、唯新学院には、およそ二〇〇〇人の留学生が在籍している。鄒さんにとって、この予備校はバイト先である以上に、同じ境遇の先輩、後輩に囲まれ、母国語で自由に会話ができる貴重な場所だ。

折しも、民主化を求める人々が香港の中心地を占拠し、大規模なデモを繰り返すニュースが、連日、報道を騒がせていた。中国では日常の生活と政治はかけ離れていて、家族や友人の間でも、政治のことを話す機会はほとんどない。それに、日本と中国では歴史教育の内容が全く異なり、日本と中国の火種にもなっていることを、鄒さんは理解していた。

「年配の男性に突然、道端でぶつかられたことはありました。中国語で友人と話していたときのことです。歴史や政治をめぐって、日本で嫌な思いをしたことはありません。ただ、日本は自由なのに、中国以上に政治に無関心な若者が多い。むしろ、そのことに驚きました」

魯さんも、鄒さんも、普段は自炊が多いという。それでも、故郷の味が恋しくなると駅前の食堂に行く。午後四時。日本人経営の飲食店であれば、アイドルタイムと呼ばれ、通し営業の店でも客はまばらな時間帯のはずだが、その食堂はほぼ満席。日本人である私が店に入ると、一斉に客の視線が突き刺さった。

彼らが故郷の味とはどんな味なのか――。そこで提供される料理の数々に、中国という大国のスケールと、食への執念を垣間見るのだった。

高田馬場――中国人留学生が集う街（下）

「中華料理」でも「町中華」でもない

高田馬場の中国人留学生はいったい何を食べているのか――。取材を進めると一つの事実に行き当たった。それは早稲田通りを始め、高田馬場の裏路地に点在し、留学生の腹を満たしているのは、いわゆる「中華料理」「町中華」ではないということだ。

早稲田通り沿いにある四川料理店「本格熊猫」

日本人が慣れ親しんだ「中華料理」は、一九八〇年代以前に日本にやってきた中国人が、故郷の味を日本人向けにアレンジして誕生した。有名なのが、かつて「料理の鉄人」というテレビ番組で、中華の鉄人として一躍、時の人となった陳建一《ちんけんいち》。東京・平河町にある老舗「四川飯店」の現オーナーである。そして、建一の父こそ日本における「四川料理の父」と呼ばれた陳建民《ちんけんみん》だ。

例えば「麻婆豆腐」や「海老のチリソース」は陳建民が日本に紹介し、考案したものだ。陳建民は、中国四川省の出身。若くして料理人を志し、中国各地のレストランを渡り歩いた。一九五二年に来日。その後、四川飯店を出店し、ＮＨＫ「きょうの料理」の講師を務めるなど、日本に中国料理を広めた第一人者として知られる。建民のように終戦後の五〇年代、六〇年代に中国からやってきた華僑は「老華僑」と呼ばれる。また、横浜や神戸、長崎にある「中華街」を形成した人々も「老華僑」だ。彼らは帰化し、日本国籍を取得。中国系日本人として日本に根付いた。こうした「老華僑」が持ち込んだ中国料理の総称が今の「中華料理」だ。彼らはいち早く、日本人の生活、慣習に溶け込むため、日本人の口に合った中国料理を次々と考案した。

しかし、現在の高田馬場のそれは「中華料理」ではない。そもそも、世界最大の人口を有する中国は、民族の坩堝だ。また、国土そのものが広大で、その土地によって全く異なる文化を有する中国は、数え切れない郷土料理が潜む、魅惑の食の大陸でもある。例えば「華北」と呼ばれる「河北省」「山西省」「内モンゴル自治区」。大平原に暮らす遊牧騎馬民族の郷土料理は、小麦を主食とし、水餃子や饅頭など日本人にもよく知られている。一方の「華南」。東シナ海に面し、温暖な「広東省」「海南省」の主食は米。海で獲れた海産物を使った料理が並ぶ。

つまり、高田馬場に誕生しつつあるのは、中国の郷土食が色濃く反映された中国料理店、中国食堂なのだ。客の大半は中国人。日本人からすると、中国に旅行に行った時に食べる、現地の味だ。

ＪＲ高田馬場駅から、早稲田方面に五分ほど歩いた場所にある「本格熊猫《ホンカクパンダ》」は、四川省出身のオーナー・劉少虎《りゅうしょうふう》さんご夫妻が三年前に開いた店だ。午後四時。店に入ると、大学や予備校帰りの中国人留学生で七割ほど席が埋まっていた。日本語はほぼ聞こえない。鼻を突くのは醤油の焦げる匂いだろうか。ただし、日本の醤油の香りとは若干、異なる。それにしても、食欲をそそる香りだ。まさに、日本にいながら中国を旅したような気分になる。劉さんは料理だけでなく、旅行関係のビジネスも展開していて、いわゆる「経営者」の雰囲気がある。店で出すのは故郷「四川省」の料理だ。

「日本の四川料理は、砂糖が多く使われるので甘く、とても故郷の味とは思えません。お客様の多くが中国人なので、日本人向けにアレンジをせず、中国で食べられている味をそのまま再現しています。最近では本場の味が食べられると日本人客もやってくるようになりました」

劉さんに、なぜ競合の多い高田馬場だったのか、と尋ねた。やはり、高田馬場には中国人が通う日本語学校や予備校、大学があると語り、こう続けた。

「高田馬場は新宿と池袋に挟まれた好立地なのに家賃が安いのです。それに、同じ同胞とはいえ、新宿や池袋は、すでに日本にいる中国人年配者が幅を利かせている。彼らとはビジネスに対する考え方も、文化慣習も全く違う。そうした、縦社会のしがらみが高田馬場にはない。自由にのびのびと商売ができるのです」

この日、私は劉さんの話を聞くことを目的に店を訪れたのだが、いつの間にか食卓には所狭しと料理が並んでいた。しかも、どれも店のメニューにはない豪華なものばかり。あしらいの野菜にまで飾り包丁が施されている。店で働く中国人はいずれも、名だたるレストランで働いていた強者らしい。「これは私の故郷で、客人を接待する料理です」。蒸した鶏肉を皮ごと薄切りにして、香辛料のたっぷり入った甘辛いソースをつけて食べる前菜や、豚の三枚肉を黒酢のタレで煮込んだ料理は絶品だった。しかし、唐辛子がふんだんに使われた大皿料理を、一人で平らげるのは辛かった。帰り際、劉さんが興味深いことを教えてくれた。

「中国でも新宿、池袋といえば怖いというイメージがあります。けれども、高田馬場にはそうした暗さがない。それに地元の人も中国人に対する偏見がない。真面目にビジネスをしようと思う中国人にとって、この街はとても暮らしやすいのです」

高田馬場の「治安の良さ」

高田馬場銀座商店街振興組合・理事長代行の杉森昭祐さんも、高田馬場の「治安の良さ」を強調する。杉森さんは一九四二年生まれ。組合の最古参の一人だ。戦前に母親が創業した紙問屋を戦後、引き継ぎ、文具店として再建。地元で愛される店として半世紀近く営業を続けてきた。しかし、数年前に体調を崩したことをきっかけに、早稲田通りに面した店舗そのものはやめてしまった。今でも昔なじみの客から注文を受け、細々と商売は続けている。

「高田馬場が中国人を含むエスニックタウンになったのは、この一〇年の出来事です。山手線の隣駅の新大久保は八〇年代以前から中国や韓国、イランなど中東の人が集まる街だった。今でこそ韓流の街として観光地になっていますが、当時は派手なネオンが瞬く怪しげな店も多く、ちょっと怖いというイメージがありました。一方の高田馬場は早稲田大学の最寄駅。教育の街であり、表通りは地域密着の店舗ばかりでした。だからこそ、そうした怪しげな店が流入する隙間がなかったのです」

確かに高田馬場の駅前には、学生相手の金貸し業の看板や、派手なネオンの大人の社交街こそあったものの、街の治安、秩序は保たれていた。しかし、私がこの街に、ある意味での「寄せ場感」を感じるのは、この高田馬場の多国籍化の歴史が、東洋一の歓楽街と呼ばれた新宿・歌舞伎《かぶき》町《ちょう》と深い関わりがあるからだ。事実、二〇年ほど前まで、駅前には日雇い労働者に仕事を斡旋する「手配師」の姿があった。

「高田馬場は中国人など漢字圏の人間にとっては親しみがあるんです。東京のど真ん中にあるのに、名前に『田』とか『馬』が入っているでしょ。なんだか暮らしやすいイメージがある。事実、私も私費留学で来日した際、最初に暮らしたのが高田馬場でした」

そう語るのは、歌舞伎町案内人の異名で知られる中国人、李小牧《りこまき》さんだ。李さんは新宿界隈では名が知られた人物だ。歌舞伎町にやってくる外国人の観光案内をする傍ら、ジャーナリストとしても活躍。生まれ故郷の中国・湖南省の料理を提供するレストランも経営している。二〇一五年、日本に帰化すると、新宿区議選に二度も立候補。残念ながら落選したが、歌舞伎町の表通りは、李小牧さんのポスターで埋め尽くされた。李さんは、戦後、中国から日本に渡り、横浜や神戸に中華街を拓くなどして日本に定住した「老華僑」に続く第二世代で「新華僑」と呼ばれる。李さんが来日した頃、日本と中国は留学生を巡って利害が一致していた。中国は鄧小平氏の改革開放政策を契機に日本など国外を目指す若者が増え、日本では国際化のかけ声のもと、中曽根内閣が打ち出した「留学生一〇万人計画」が進められたのだ。

李さんが暮らしたのは、早稲田通りから神田川に向かって坂を下った場所だった。当時、外国人が借りることができる部屋は限られていた。来日前に中国で稼いだ全財産をはたいて「六畳風呂なし」の安アパートを借りた。当時、日本円で一〇万円もあれば、中国の地方都市にマンションが買えた時代で、日本と中国の経済格差は圧倒的だったという。

「とにかくカネのために働きました。ラブホテルの清掃員をしながら、外国人向けの職安で紹介してもらったティッシュ配りなどのアルバイトを掛け持ちしました。その後、歌舞伎町で外国人をストリップ劇場や風俗店に案内し、チップを稼ぐ客引きが当たって、それで歌舞伎町案内人と呼ばれるようになったのです。来日して半年で、月収が一〇〇万円を超えました」

李さんのように日本に新天地を目指し、成功した中国人は多い。こうした立身出世の物語が「歌舞伎町」だったことも興味深い。つまり、高田馬場は「新宿区の文教区」であると同時に「歌舞伎町の周縁の街」だったのだ。

「眠らない街」歌舞伎町の〝周縁〟

歌舞伎町の歴史は、戦後の新宿、東京の歴史そのものだ。空襲で焼け野原となったこの一帯を、劇場、映画館、演芸場、ダンスホールなどの大衆娯楽を中心とした歓楽街として再生させる計画が立てられたのは終戦直後。やがて、新宿駅という巨大ターミナルに隣接した歌舞伎町には、仕事を求めて全国から若者が押し寄せる。いわゆる、出稼ぎ労働者だ。

働く現場が「歌舞伎町」ならば、その周縁に、この街で働く人々のベッドタウンが誕生するのは時間の問題だった。何しろ「眠らない街」の住人だ。仕事が終わるのは公共交通機関が動いていない夜明け前。歩いて帰ることができて安家賃であることが必須だった。

『オオクボ 都市の力』などの著作で知られる都市プランナーの稲葉佳子さんはこう説明する。

「一九八〇年代以前、歌舞伎町の住人は地方から東京を目指して上京した、出稼ぎ目的の国内移住者でした。仕事はあっても寝床がない人々のために『四畳半、木造、風呂・トイレなし』の木賃アパートが建てられました。そして、新大久保、高田馬場など歌舞伎町の周縁に木賃アパートベルトが形成されたのです。その後、八〇年代に入ると、国内移住者に代わって李さんのような外国人労働者が入居するようになりました。こうして、歌舞伎町はエスニックタウンへと変化していったのです」

確かに歌舞伎町と新大久保を隔てる職安通りを挟んで、新大久保側には今でもトタン屋根のアパートが点在する。また、高田馬場は早稲田通りから谷を下りた場所を流れる「神田川」周辺に、そうしたアパート群が造られた。李さんが暮らしたアパートもその一軒だった。

しかし、九〇年代に入ると歌舞伎町は不良中国人の巣窟となり治安は悪化する。ルーツを同じくする中国人が日夜、勢力争いを繰り広げ抗争に発展。中でも一九九四年に発生した「快活林《かいかつりん》事件」は歌舞伎町、そして、中国人のイメージを決定づけた。長年、歌舞伎町で飲食店を経営する男性は当時をこう振り返る。

「日本のヤクザも怖いけど、中国人同士の抗争はとにかく派手だった。数十人のグループが武器を手に乱闘を繰り広げました。この事件の直後ですよ。歌舞伎町に『怪しい中国人を見かけたら一一〇番』と書かれたポスターが警察によって張り出されたのは。この街が、このイメージを払拭するのには十数年の年月がかかりました」

この事件の舞台となったのが「快活林」という名前の中国料理店だった。このニュースは中国本土でも大々的に報じられ、中国人にとっても歌舞伎町は「危険な日本の街」の代名詞となった。しかし、当時、高田馬場の治安は先述した通り、保たれた。そして、三〇年の歳月が経過した今、高田馬場は世代も価値観も全く異なる中国人が多く暮らす街となった。早稲田大学留学センターの発表によると、二〇一九年現在の早大の留学生総数六一二四人のうち、中国籍の学生は三四一九人と全体の半数以上を占める。また、中国人に追いつけ追い越せと、ベトナム人、ミャンマー人が続く。

中国人など留学生でごった返す高田馬場だが、現在は閑散としている。世間を騒がせている新型コロナウイルスの影響だ。中国全土で続く封鎖措置。留学生の大半が、家族の集まる旧正月にも帰国できなかった。中国だけではない。普段であれば歓送迎会で賑わう早稲田通り沿いの飲食店も、ことごとく予約がキャンセル。心なしか街が寂しく感じられる。それでも、前出の「本格熊猫」をのぞくと、腹をすかせた留学生らしき若者たちがテーブルを囲んで食事の真っ最中。賑やかな声が外まで漏れ響いていた。

「銀座」の町中華で交錯する人生

銀座の胃袋を満たす一軒の定食屋

街から灯りが消えても営業を続ける一軒の定食屋がある。その店は東洋一の高級遊蕩地「銀座」で働く労働者の胃袋を満たし続けてきた。その名を「銀座亭《ぎんざてい》」という。

銀座の街を東西に貫く中央通り。その表通りから一本、路地を入った花椿通りと三原橋通りの交差点にある。住所は「銀座七丁目」。そもそも江戸時代、この街には「銀貨幣鋳造所」があった。銀座という名称の由来は、この場所に銀座役所が置かれていたことに由来する。

店の外観はどの街にもある「町中華」。午前十一時のオープンから客が入れ替わり、立ち替わり、やってくる。何時に行っても開いている、通し営業の心強さといったらない。厨房を囲むようにコの字型に一〇席の椅子が配置されている。壁にズラリと張り出されているお品書きは、至って・普通・だ。東京らしいすっきりとした醤油味のラーメンを筆頭に、みそラーメン、うまにラーメン、ソース焼きそば、五目あんかけ焼きそばなどの麺類。そして、野菜炒め、レバニラなどの主菜にご飯とスープがセットになった定食類。それに店の名物のチャーハンと餃子が加わる。銀座にありながら千円ちょっとで食事にありつけるのも嬉しい。銀座亭の風景は「日中」と

銀座の労働者の胃袋を満たしてきた「銀座亭」

「夜間」で全く違うのが面白い。客層が違うのだ。客層が違うと、自ずと飛び交う注文も違ってくる。まず昼間はこんな感じだ。

銀座で働くサラリーマン風の男性。小ぎれいで足元は革靴。どうやら営業の途中のようだ。入ってくるなりこう告げる。

「肉野菜炒め定食」

黙々と掻っ込んで、ものの一〇分で終了。足早に銀座の街に駆け出してゆく。

一方、また別の客。こちらは三人組。工事現場で働く風の兄ちゃんだ。ドヤドヤ入ってくるなり、お冷やをグビリ。矢継ぎ早にオーダーが飛び交う。

「つけめん大盛り、餃子三個」

「大盛りチャーハン」

「焼き肉定食、ご飯大盛り」

銀座亭の厨房は中華鍋を豪快に振るうメインの料理人が一人。オーダーをとりながら麺類を仕上げる人が一人。裏方が一人の三人態勢だ。次々に舞い込む注文を、平然とした顔でさばいてゆく。常に店の外には数人の行列ができている。

どんなに急いでいても、作り置きは一切しない。

例えば、人気のなす味噌炒め定食。大量のなすこそ、予め一口大に切りそろえてあるが、注文を受ける度に豚バラ肉といっしょに油通しをする。野菜炒めも大量のキャベツ、もやしを、中華ならではの強火で一気に仕上げる。みずみずしい野菜の歯触りがいつも生きている。口開けから午後三時過ぎまではこんな具合だ。まさに街の食堂。あらゆる業種の人が、パワーをチャージしようと店に飛び込んで来る。

ひとときの喧噪が去ると今度は「アイドルタイム」だ。通常、この時間帯は「仕事がなくて暇な時間」という意味の英語の「idle」が語源と言われている。銀座では昼営業や夜の仕込みを終えた飲食店など同業者が多くやってくる。

七丁目界隈には個人経営の小さな飲食店が多い。三時半くらいにやってくる常連の一人が、近くの珈琲専門店のマダム。スラッとした体躯ながら豪快に食べる。

「立ちっぱなしの仕事なので体力勝負でしょ。昼はちゃんとしたものを食べたい。そうなると、本当に店が限られてしまう。けど、この時間でしょ。チェーン店以外は開いていない。だから、銀座亭は貴重なんです」

ひと月に何回も来るので、ほぼメニューは制覇している。お気に入りは皿からこぼれ落ちんばかりの量の大盛りチャーハン。脇に添えてある紅ショウガの赤がまず目を射る。具は至ってシンプルで、ラーメンにも入るチャーシューを細かく切ったもの。それに、玉子と葱。硬質感のある白米が、高温に熱せられた鍋肌で芳しく焼かれている。熱々のチャーハンをレンゲで掻っ込む快感といったらないそうだ。醤油味のあっさりスープも、マダムはいつも「大盛り」だ。

常連の間で「ハル丼」と呼ばれている「マーボー春雨丼」もお気に入りだ。辛さ控えめのあっさりとしたマーボー春雨の下には、半熟に焼いた玉子。紅ショウガと青菜の緑がアクセントだ。ハル丼はもともと店のまかない飯だった。

「とろみがついてて、熱いんですけどこれがいいんです。辛さも辛くして、と言えばやってくれるし、控えめでと伝えればそうしてくれる。大のお気に入りなんです」

このマダムが食事を終えて店に戻る頃、銀座は朝に続いて〝出勤ラッシュ〟を迎える。この街のビジネス街とは別のもう一つの顔。歓楽街で働く人々が続々と集まってくるのだ。特に並木通り周辺の銀座七丁目、八丁目界隈は、世に言う「高級クラブ」街だ。まず最初に自転車で集まってくるのは、黒い背広に身を包む黒服の若い衆だ。タクシーでご出勤のホステスさんに加え、高級車で送迎されてくる美人ママもいる。

この時間になると、銀座亭の客も様変わりする。銀座は東京の一部でありながら、独特の階層意識や秩序によって洗練された大人の社交街だ。この街で働く黒服、同伴に勤しむ年配男性。クラブやバー帰りの客が終電までひっきりなしにやってくる。

夕方、正月に一億円超のマグロを競り落とす有名寿司チェーン店の社長が、部下らしき男性とラーメンをすすっていた。これから街に繰り出すのだろうか。カウンターを陣取って、一人飲みにふける客もいる。ビールはサッポロ黒ラベル。かつて近くにサッポロビールの本社があり、銀座亭には若き営業マンがやってきた。つまみは「餃子」と「メンマ」。専用のコップはないので、お冷やのプラスチック製のカップに泡を注ぐ。

かつて銀座のクラブと言えば「接待」の現場だった。バブル景気の頃などは「銀座三千軒」のクラブで、夜ごと商談が行われていたと言っても過言ではない。高級クラブのホステスは、商談の裏舞台を仕切り、客同士の潤滑油となるのが使命だった。

「あの娘がついてくれると、不思議と話がまとまるんだよ」

そんな評判をとってこそ、銀座ホステスとして一人前だった。銀座亭にはそんな仕事終わりの客もやってくる。商談を終えた社長が、小腹を満たすためにみそラーメンをすする。その横では、歓楽街にはつきものの「おしぼり」「氷」「酒」を配達するアルバイトがチャーハンを頬張る。隣に座るこざっぱりとした男性が、日本の経済界に君臨する大物だなんて、そのアルバイト君には想像もつかないだろう。普段は交わることのない二つの人生が、一軒の町中華でその時間だけ交錯する。

高級クラブの定番サンドウィッチ

銀座亭はどちらかと言えば男飯だが、駆け出しのホステスなど社交街を彩る女性のたまり場は、クラブ街のど真ん中にあるオレンジの看板が印象的な「ミヤザワ」という喫茶店だ。この店で同伴をとることができるようになれば、まずはホステスとしてデビューできたようなものだ。この店は決して広くない。二〇人も入れば満席だ。営業は十一時半から深夜まで。昭和レトロなメニューは「日本の洋食」が中心だ。

何を食べてもおいしいがこの店の「ポーク生姜焼き」は病みつきになる。やや厚めの豚肉に、やや甘めのソースがかかっている。付け合わせのサラダはドレッシングも手作りで、キュウリに飾り切りが施してあるあたり、街の喫茶店とは一線を画す。ご飯と味噌汁がついて一三〇〇円だ。

店の名物はなんと言ってもサンドウィッチだろう。多い日には一晩で二八〇食出たこともある。銀座のクラブではミヤザワのサンドウィッチを出前するのが、クラブ遊びの定番となっている。クラブ通い二〇年のベテランの男性はこう話す。

「店内で食べるのもおいしいけど、これをわざわざ出前して、クラブの革張りのソファーで、あくまで酒のおつまみとしてつまむのがいいです。サンドウィッチは片手で、グラスを持つ指を汚すこともないでしょ。ホステスのお嬢さんにも好評ですよ」

サンドウィッチの種類は数あれど、一番人気は「たまごサンド」だ。耳を落とした薄めの食パンにバターを塗り、粗めに刻んだゆで卵にマヨネーズを加えた具がたっぷり入る。バターの香りが鼻孔をくすぐり、食べると意外にあっさりしている。

もちろん、ヒレカツサンドをはじめパンの表面をトーストした種類もある。たまごサンドは二枚のパンを使い、それを縦に三つ切りにするが、トーストしたサンドは縦に二つ切りにした後、食べやすいように一口大にカットする。クラブのテーブル席では、これら数種類のサンドウィッチの「盛り合わせ」が好評だ。運ばれてきた瞬間、ワッと歓声があがる。ミヤザワでは、夜のとばりが降りる時間からラストまで、とにかく出前注文の電話が鳴りやまない。この銀座クラブ御用達のサンドウィッチは、それそのものがクラブの社交文化として定着している。

ミヤザワではホステス嬢が、注文をした食事にも手をつけないで、一生懸命、客に営業の電話を入れている姿を見ることがある。その一方で優雅に恰幅のいい男性と同伴にふけるベテランのホステスもいる。店ではこの街で働く人の体をねぎらうように、今時、喫茶店では珍しい絞りたてのフレッシュジュースがある。「お酒もいいですけど、体は気をつけてくださいね」と客をいたわるホステスの笑みがこの場所では絶えない。

たかが喫茶店であれ、そこが社交場なので、例えばまだ名もなき黒服は、よっぽど遅い時間でなければミヤザワには入れない。黒服のたまり場となっているのが、同じく八丁目にある立ち食いそば「かめや」だ。名物は「かき揚げ玉子そば（四七〇円）」だ。熱々のかけそばに、かき揚げと生卵が入っている。この店で一番高いのが、上海老天（八八〇円）。それ以外はほぼワンコインだ。常連の黒服の一人はこう笑う。

「僕らが食べるのは朝方じゃないですか。かき揚げも揚げてから時間がたって冷めているんですよね。けど、仕事終わりの程よい疲労感を背負いながら、立ったまま食べる芯のないふやけたようなそばがいいんですよね。疲れた体に染みるんです」

歓楽街にワンコインで食事をとれる立ち食いそば屋は数軒あるが、いずれも夜の街の縁の下の力持ちのたまり場だ。

しかし、そんな銀座は今、閑古鳥が鳴いているどころの状況ではない。新型コロナウイルス蔓延に伴う緊急事態宣言で壊滅的な状態に陥っている。

クラブ街の一角で、半世紀近く花を扱ってきた店の主はこう肩を落とす。

「極端な事を言えば、一晩でこの界隈だけで一億以上のお金が動いてきた街なんです。四半世紀以上、毎日、必ず数十万円を落としてきた社長、重役連中がいないのですから。東日本大震災の時でも、ママの手にかかれば、客は必ず戻ってきた。それが今回ばかりは、ママの力をもっても無理なんです」

今、銀座で起きているのは、単純に街に客がやってこないという現象ではないという。あるクラブ関係者が重い口を開いた。

「家賃が払えないことよりも、ホステスをどうつなぎとめるかが深刻。客の中には店で酒は飲めなくても、ホステスを食事に誘う人もいます。店を介さずに客と連絡を取り合うのは御法度ですが、この状況ではやめろとは言えない。客は食事だけなら安く済ますこともできますので、そもそも、店舗で飲むという行為そのものが不要になってしまうのではないかと心配です」

歓楽街はその名の通り「夜の街」だ。夜八時以降、その街の営みを止めろ、というのだから、その商売が成立するわけもない。結局、お上の目を盗んで営業し続けてきた店も中にはあるが、今回の東京都による事実上の「禁酒措置」はこれまでとは次元の違うダメージを与えた。「銀座亭」も「ミヤザワ」も「かめや」も営業時間を短縮して、なんとかこの状況を凌ごうと奮闘している。

こんな形で銀座の夜の灯が絶えるとは思わない。ただ、コロナの感染状況をなんとかしなければ、銀座で育まれた「社交」そのものの文化が消えてなくなってしまうだろう。

若者の街・渋谷の表と裏、そして「奥」

再開発による目まぐるしい変化

ニョキニョキと垂直方向に林立する前衛的な意匠のビル群を見上げながら、いったいこの街はどこに向かっているのか。ふと考え込んでしまった。何しろ山手線沿線の駅で、いや東京の街で、これほど大規模な再開発が短期間に進んでいるのは渋谷くらいのものだ。都市はいつの時代も「スクラップ・アンド・ビルド」を繰り返すことを宿命としている。ただ、今の渋谷の目まぐるしい変化に、肝心の人間が追いついていないように感じるのは私だけだろうか。

渋谷駅周辺の再開発の機運が高まったのは、二〇〇〇年初頭。東横線と新たに増設される副都心線の相互乗り入れが決定。東横線の地下化により、渋谷駅周辺に大規模な未利用地ができたのがきっかけだ。二〇一〇年頃から渋谷駅を囲む砦かのように巨大ビル群が続々と誕生した。オープンが早い順番に東口「渋谷ヒカリエ」（二〇一二年）、南口「渋谷ストリーム」（一八年）、駅直結の「渋谷スクランブルスクエア」（一九年）。いずれも地上三〇階超で、低層階はカフェやレストラン、高層階はホテルやオフィスなどで構成される複合施設だ。それだけでも街の表情を変えるには十分すぎる変化だが、渋谷と原宿の中間地点にあった「宮下公園」の命名権を区が「ＮＩ

「喜楽」の中華麺

KE」に譲渡、公園に暮らすホームレスを排除して新設されたギラギラとした「ミヤシタパーク」の出現が決定打だったと私は思う。今では山手線と併走する明治通りに沿って公園に併設された商業施設が続く。まるで明治通りそのものが高級ブランドのショーウィンドウと化し、人通りのない深夜も煌々と白熱灯がともる。

そもそも渋谷の魅力は、表通りと裏通り、路地と路地裏、大小さまざまな雑居ビルが、高低差のある丘陵地帯に「面」で展開していることだった。「道玄坂《どうげんざか》」「宮益坂《みやますざか》」「スペイン坂」「オルガン坂」……。丘陵地の高低差を解消するための「坂」には、小規模で個性的な店舗がひしめいていて、まるでアジアのバザールのようだった。

政治と闘争に明け暮れた一九六〇年代を象徴する街が「新宿」だとすれば、若者が自由にファッションや音楽など趣味を楽しむようになった七〇年代の象徴が「渋谷」なのだ。そんな渋谷を牽引したのが、七三年、スペイン坂に誕生した「渋谷パルコ」だ。流行に敏感な若者にとって、パルコは、ファッションを中心に「次に来るカルチャー」を先取りするアンテナショップの役割を果たしていた。この時代の渋谷は本当に垢抜けていた。無論、パルコも地上九階建ての複合ビルだった。しかし、その経営方針は、自社のビル内だけで買い物を完結させるのではなく、むしろパルコが先頭に立って渋谷の街を「面」で盛り上げる使命を自覚していた。同じく街のランドマークとなった「タワーレコード」も同じような位置づけだったように思う。

だからこそ、そんな「渋谷パルコ」が、駅前の再開発と平仄を合わすように巨大なビルへと姿を変えた意味は大きい。ストリートから渋谷の若者文化を発信し続けてきたパルコの旗艦店が、地上一九階建ての「渋谷パルコ・ヒューリックビル」の一部に取り込まれてしまったことは、この渋谷の街づくりの基本理念が、「水平」よりも「垂直」の方向に展開を優先した象徴だと思う。

町中華「喜楽」と「円山町」の歴史

渋谷駅前の変化が、明滅するネオンのまさに「光」の部分だとすれば、表通りの再開発とは全く無縁の、まさに渋谷の「影」として存在する街がある。それは道玄坂の先の「円山町」だ。この一帯は東京有数のラブホテル街として知られている。

街には表と裏と、そして「奥」がある。渋谷の「表」の玄関口がスクランブル交差点周辺だとすれば、「裏」を形成するのはセンター街から続く雑多な宇田川町界隈。最近では「奥渋」という名称が定着してきた。しかし、宇田川町はこの街の本当の「奥」ではない。

特筆すべきなのは、これまで本連載で取材をしてきた「江東区・森下」や「中央区・日本橋」などの下町は、隅田川の両岸に位置する海抜ゼロメートル地帯だったことだ。つまり、「寄せ場的空間」の多くが「水の気配のする低地」に多いのだ。

しかし、渋谷は全く逆だ。渋谷駅前が丘陵地の谷底に位置し、渋谷川が近くを流れている。そして、寄せ場的空間そのものである円山町は、丘陵地の台地の上に位置するのだ。

夕暮れ時の道玄坂は騒々しい。どこからともなく聞こえてくる電子音声の宣伝。大音量を鳴らして進むデコトラ。道行く人の足をなんとか止めようと奮闘するキャッチの若者の声。それに目映い電子ネオンの洪水も加わって、気を抜くと意識ごとどこかに持っていかれるような錯覚に陥る。家路を急ぐ人が坂を下り、これから夜の街へと出勤する人が坂を上る。

仕事場へと急ぐ黒服連中が、仕事前の腹ごなしに列をなして並ぶ町中華「喜楽《きらく》」をご存じだろうか。創業は一九五二年。以来、全くメニューが変わっていないという。コロナ前の最盛期にはラーメン類だけで一日、四〇〇杯を売り上げたという名店だ。名物はワンタン麺だが、私の注文はいつも「もやし麺」と決まっている。

喜楽との出会いは二〇年以上も前だ。九州から上京し、当時、豚骨ラーメン以外はラーメンでない、と豪語していた私が、初めて東京で出会った台湾発祥のラーメンだった。特徴は醤油ベースのコクのあるスープの上に浮く「揚げ葱」だ。これは衝撃だった。焦げた葱のほんのり甘い風味が、醤油のキリリとした味に絶妙にマッチするのだ。モチモチの中太麺と丼の中央にどっさり盛られる茹でもやしの絶妙なシャキシャキ感のコントラスト。嬉しいのは麺類以外にも「炒飯」「餃子ライス」「肉もやし炒め」「中華丼」などがあって、しかも通し営業なのだ。昼時でなくとも、行列ができることは珍しくない。

私が通い出した頃は、創業者らしき親父が厨房を仕切っていて、カウンターにはピリリとした緊張感があった。その親父は亡くなり、息子が店を継いだとある雑誌で目にしたことがある。けれども味は全く変わっていない。ある時期、渋谷にもラーメンブームが訪れ、道玄坂にも数多のラーメン店が進出。結局、今日も続いている店は数える程しかない。そんな中、不動の人気を集めている喜楽は、変わらない渋谷の象徴として、すでに渋谷という街の部位の一つになっている。

喜楽で腹ごしらえをした後、「しぶや百軒店《ひゃっけんだな》」を進む。途端、街に流れる空気に艶めかしさが加わる。キャバクラ、セクキャバ、ガールズバー。剥き出しの人間の欲求を満たす店がおいでおいでをしている。この百軒店は一九六〇年代、渋谷パルコや東急本店が開業する以前まで渋谷の中心で、カフェやバー、ジャズ喫茶、大衆食堂から映画館など、大人の娯楽が全て揃った繁華街として名を馳せた。立ち並ぶ雑居ビルには新旧さまざまな業態の店が入り交じり、猥雑な雰囲気の中にどこか郷愁を感じる。

目指す円山町《まるやまちょう》は百軒店を抜けた場所にある。それにしても、なぜ円山町は一大ラブホテル街になったのか。歴史を少し振り返る――。

円山町を歩くと「荒木山」という名称を見聞きする。これはこの一帯が「円山」と呼ばれる以前の地名だ。そもそも、この荒木山は一九一三年、三業地に指定される。最盛期にはおよそ一〇〇軒以上の待合が並び、四〇〇人の芸妓が闊歩する花街として名を馳せたそうだ。

円山という地名が使われるようになったのは、昭和に入ってから。花街に「荒れた木の山」という地名は似つかわしくないと、誰ともなく言い出した。そこで京都祇園に近い円山公園、長崎の丸山遊郭にちなんで、地名を「円山町」とした説が有力なのだそうだ。しかし、東京大空襲で円山の花街の大半が消失してしまう。そして戦後、百軒店の繁栄と共に、一見さんお断りの料亭や置屋は廃業し、その跡地に建てられたのがラブホテルだったというのだ。実は、私がそんな円山町に興味をもったのは、ある一冊の本がきっかけだった。

佐野眞一著『東電OL殺人事件』。一九九七年、東京電力の幹部社員だった女性が、円山町にあるアパートで殺害された未解決事件を追った傑作だ。事件の詳細は本を読んでほしいが、その中で円山町のラブホテル街に関する興味深い史実が言及されている。

それは、円山町のラブホテル街を作ったのは、岐阜県にルーツをもつ「春秋会」という組織だったというのだ。なぜ彼らは岐阜の飛騨山中から東京・渋谷の繁華街にやってきたのか。本書によると、彼らは一九六一年に完成した「御母衣ダム」の建設によって水没した荘川村の住人で、立ち退きによって転がり込んだ莫大な補償金を元手に、料亭などの土地を買収し、旅館業を始めた。円山町のラブホテルに「白川」など「川」のつく名前が多いのは、水没した故郷をいつまでも忘れまいとする水没住民の悲哀だと著者はしめくくる。結局、この事件は未解決となり、すでに時効を迎えているが、現場となった木造アパートは現在も残されている。

渋谷という街の本当の奥深さ

そんなことを考えながら、円山町のはずれにある一軒の赤提灯に入った。カウンターには先客が二人いる。さつま揚げを肴にビールをやっていると、隣の男性客の会話が偶然、耳に入った。どうやら二人は三十代前半で、一人は妻子あり。円山町と隣接する高級住宅地「松濤《しょうとう》」にある某著名人の自宅の警備員だった。私は身分を明かし、渋谷を取材していると打ち明けた。すると、渋谷という街の本当の奥深さの一端を二人が本当はオフレコと言いながらも教えてくれた。二人に言わせれば「松濤の中でも一丁目以外は松濤ではない」そうだ。

「表玄関からリビングにたどり着くまで、五回のセキュリティーをくぐらないといけない家でも、泥棒は度々、入るんです。もちろん素人ではありませんよ。だから、一丁目の住人は本当に価値があるものは、一切、自宅には置かないんです。泥棒は宝石でも絵画でも、価値のあるものしか盗みません。所有者も目利きなら、盗みに入る側も目利きなんです」

円山町から目と鼻の先にそんな世界が広がっているのかと、改めて驚いた。いったいどんな人が暮らしているのか。マンションを借りるのでさえ、松濤ではたとえ億単位の預貯金があっても、審査が通らない例もあるのだそうだ。皇室関係者も多く暮らしているという。そんな人々から道を一本隔てた円山町はどう見えているか、と聞いたら笑いながら即答した。

「円山町の方向を見たくないと言いますよ。松濤には学校もあるのですが、円山町には足を踏み入れるなが、親子ともに暗黙の了解です。彼らにしてみれば、ないような町なんです」

それでも……と一人の警備員が続ける。

「どっちの町が落ち着くかというと円山町でしょ。ここに来ると、ああ、生きているって思う。ウン千万円する高級外車が当たり前のように一家に一台以上あって、百貨店の買い物はどんな高価な時計でも全てツケ払い。そんな世界があるのかと。もちろん、仕事なので警備していますが、時々、自分は何をしているんだろ、と考え込んでしまいます」

カウンターを先に立った二人の背中を見送りながら、必ずしも街の本当の「奥」は影の世界にあるとは限らないと悟った。まだまだ知らない世界がある。サラダボウルのように、全く性格の違う街の断片が一つの集合体となったのが渋谷であり、東京という街なのである。

隅田川沿いの暖簾に染みつく東京の歴史

窮屈で愛おしい下町の酒場

かつて江戸っ子が「大川《おおかわ》」と呼んだ隅田川沿いに、一九二四年創業の立ち飲み屋がある。屋号は「江戸政《えどまさ》」。名物は丁寧な仕事が施された大ぶりの焼鳥だ。両国橋の袂にあるこの老舗は、のんべえの間では知る人ぞ知る名店として語り継がれている。

大川と聞いて浮かぶのは、春のうららの隅田川。長閑な川風に吹かれながら焼鳥でビールと洒落込みたくなるが、ここはそんな風流な店では決してない。まず、江戸政の常連になるには堅気の人は無理だろう。何しろ営業は平日のみ。暖簾がかかるのは夕方五時から七時過ぎまで。その日の仕込み分がなくなれば看板というのがお約束だ。確実にその味にありつきたいのであれば、開店一時間前の午後四時に並ぶ必要がある。

最寄り駅は都営地下鉄浅草線・東日本橋駅。中央区の北端に位置するこの一帯は「日本橋横山町・馬喰町」と呼ばれ、江戸時代から大阪・船場と並ぶ日本有数の現金問屋街（主に繊維商品の集積地）として名を馳せた。明治から昭和にかけては和装小物、現在はアパレルを中心に卸問屋が軒を連ねる。かつての問屋は一見客は相手にしなかったが、今では誰でも気軽に買い物ができ

暖簾がかかった「江戸政」に並ぶ客

る。そんな商いの町をそぞろ歩く。そして、七味唐辛子の発祥地として知られる「薬研堀《やげんぼり》」を抜けると両国橋だ。ビルの谷間の向こうに東京スカイツリーの頭の部分が出現する。その橋の袂に江戸政は静かに佇むのだ。

午後四時。月曜日だからなのか江戸政前には行列はできていなかった。表玄関から中を覗くと、主人が開店準備に追われていた。その一五分後、一番乗りでやってきたのは四十代のカップルだった。ツイッターで店の噂を見てやってきたらしい。私はその次、三番手に陣取った。そこからはあれよ、あれよと行列ができた。中年の男性客が圧倒的に多い。暮れなずむ冬の夕暮れ。立っているだけで足元から冷気が這い上がってくる。

午後五時前になると、女将さんが人数の確認とある約束をグループごとに説明してゆく。

「小さな店なのでくしゃみをする時はマスクで口を覆って後ろ向きでお願いします」

午後五時。いよいよ暖簾があがった。ドタドタと店内に行列が吸い込まれる。玄関をくぐるとL字のカウンターがひとつだけ。その正面に焼き場があって、客に背を向ける格好で主人が手を動かしていた。いかにも職人肌の寡黙な人物だ。店内は一〇人ちょっと入れば満員で一巡目に入れない場合は外で待機となる。壁には歴代の名横綱の手形の入った色紙がずらり。ピンと張り詰めた心地よい緊張感が食欲をそそる。

下町の〝佳き〟酒場に共通するのは、必ずしも客の自由（わがまま）が許されない店だということだ。多くの場合、こうした店を仕切っているのは無口な頑固親父か無愛想な女将と相場は決まっている。巷に溢れる客本意の無秩序で何でもありの居酒屋に慣れてしまうと、こうした店で酒を飲むことが窮屈に思えてしまうかもしれないが、その不自由さの根底には、誰もが平等に心地よく酔える空間を守りたい、この場所を一日でも長く後世に残したいという主人や女将の哲学が息づいている。そうした飲食店をめぐる人間の想いに触れると、あの窮屈な場所が妙に愛おしくなるから不思議だ。そしてもう一つ、こうした窮屈で愛おしい東京の酒場の軒先からは、ほぼ間違いなく東京スカイツリーが見える。

隅田川両岸の「寄せ場的空間」

江戸政は歴とした立ち飲み屋だが、L字カウンターのどの席にありつくかは女将さんの胸三寸。今日の私の指定席はL字カウンターの角だった。この店は独特の仕切りがある。まず、基本的に「注文する」ことはない。店に入りさえすれば名物の「たたき」と焼鳥五本で構成される「おまかせ」が提供される。その上で最後に一回だけ追加注文ができる。飲み物はキャッシュオンだ。江戸政詣でには小銭が欠かせない。

とりあえず、瓶ビールの栓を抜く。頭の上にはテレビがあって相撲の時期に当たれば、幕内の最後の取組を見ながら酒が飲める。焼き台には所狭しと焼き鳥が並び、ジュージューと香ばしい煙をあげている。このタイミングで女将からあるお約束を聞かれる。

「たたきは生にしますか。それとも、半生。焼きもできますが……」

たたきとは世に言う「つくね」のことだ。よっぽど鮮度がいいのか、それに火を入れずに生で食べさせる。これを目当てに通う常連も多い。しばらくして、女将から小皿にゴルフボール大の生のたたきがのったものが渡される。これが実に旨そうだ。小皿の縁にワサビが添えられていて、江戸政名代のタレがかかっている。箸でちょこんとつまんで口の中へ入れる。すると何ともまったりとした、コクのある鶏肉の風味が広がる。その場に居合わせた客、全員に同じタイミングで供されるので思わず、客同士が顔を見合わせ、思わずニヤリとしてしまう。こんな食感は初めてと感嘆する人も多い。

そうこうしているうちに本命の焼鳥が焼き上がる。江戸政のそれは他の店と比べて大ぶりで、食べ応えがある。最初は定番の「ねぎま」。続いて「ハートスタミナ」。こちらは、ねぎまの葱の部分がハツ（鶏の心臓）になっている。そして矢継ぎ早に「ピーマンの肉詰め」が登場した。想像以上の大ぶりの焼鳥に客が驚いていると、店の主人が初めて口を開いた。

「うちの焼鳥は大ぶりだから噛み応えがあるでしょ。一口、二口食べた後で皿にたまったタレを口に含んで下さい。旨みが増しますからね」

同じ日、同じ時間に居合わせた客が全員で、この主人の一言に右倣えした。焼鳥のラストを飾るのはレバー。巷では半生状態で食べさせる店が多いが、ここでは大ぶりのレバーを芯までじっくり火を通して供される。これが、旨いのなんの。卓上の七味が絶妙の相性だ。

それにしても改めて考えてみると隅田川の両岸には、いわゆる「寄せ場的空間」がひしめいている。江戸政の暖簾には「両国橋際」という文言が染め抜かれていて、この場所は隅田川との関係なしには語れない。

両国橋の建造は隅田川に架かる橋の中でも古い。かつてはポンポン船と呼ばれる蒸気船が橋の下を行き来していた。今は浅草とお台場海浜公園や日の出桟橋などとを結ぶ観光汽船が観光客に大人気だ。

両国橋のひとつ下流に架かるのが新大橋だ。その二つの橋の途中、首都高が隅田川の上で交差する。私が強く「東京」を意識する風景の一つだ。東北自動車道から首都高速六号向島線に乗って都心を目指す。それまでスカイツリーを拝みながら隅田川と併行して走ってきた車が、突如として右になだらかなカーブを描き、隅田川を眼下に一気に東京都心の高層ビル群の中に吸い込まれてゆく。下町から都心へ。このわずか数分の間にダイナミックな東京という都市の歴史の断面が立ち現れる。

今でこそ隅田川の護岸は釣りやジョギングなど人々の憩いの場になっているが、つい三〇年前までこのエリアは地域の人々の生活と河川が完全に遮断されていた。その象徴が「垂直型堤防」。通称「カミソリ堤防」だ。これは治水対策の一環で作られたコンクリート製の堤防で、河川と人間の生活圏を垂直で強固な壁で遮断している。隅田川の河口から上流を目指すと、今でもその一部を見ることができる。

そもそも日本橋や両国もそうだったのだが、東京の下町は隅田川よりも低い湿地帯が多かった。江戸時代には「水の都」と称された東京は、地勢的にも大雨や台風の度に高潮や洪水の甚大な被害を被ってきた。中でも台風によって押し上げられた海水が満潮の時刻と重なると、隅田川の土手を乗り越えて内水氾濫が起きた。カミソリ堤防はそんな被害を防ぐ治水政策として建設が進んだのだ。

しかし、戦後は別の理由で「カミソリ堤防」が流域の人々と河川との関係を断ち切ることになる。それが「公害」だった。高度経済成長に伴い、隅田川の水質は悪化の一途をたどったのだ。その原因は上流の「北区」「荒川区」「足立区」に進出した広大な工場群で、その歴史は明治維新の頃までさかのぼる。有名なのが浅草のさらに上流の「千住」。あの「お化け煙突」で知られる「千住火力発電所」もそのひとつだ。それら工場群から垂れ流しにされた工場排水が、流域の人々の生活を直撃した。ちなみに隅田川沿いに「寄せ場」を彷彿とさせる大衆酒場や飯屋が多いのも、これらが工場で働く労働者や、歴史的に低湿地帯に暮らさざるを得なかった在日朝鮮人などによって育まれた味だからだ。

「ロンバケ」の舞台カミソリ堤防

しかし、こうした歴史の記憶は現在の東京で普通に暮らしていては想像もつかない。隅田川という河川と「公害」が結びつく人も少ないだろう。かつて私は、一九三五年生まれの両国育ちの鳶の親方に話を聞いたことがあった。

「戦後、生活は豊かになりましたが、隅田川の悪臭はひどいものでした。上流からどぎつい紫色や黄色の得体の知れない泡が流れてくるのです。駒形橋から両国橋にかけて健康状態がすぐれない人が続出しました」

この時、治水のために建設されたカミソリ堤防が、人々の生活と河川との分断に拍車をかけた。その後、一九八〇年代に入り水質は回復するが、それでも隅田川沿いの水の臭いのする土地は都市開発を手がけるディベロッパーは目向きもしなかった。そんな状況を一変させたある計画がもちあがる。中央区が提唱した湾岸エリアの再開発「大川端作戦」だった。それは、隅田川沿いにある工場や倉庫が、都心部の地価上昇に伴い用地転換を迫られることを見越し、それらの土地を高層マンションを中心とした複合施設として再整備しようというのだ。その先駆けが石川島播磨重工業の工業跡地に建設された「大川端リバーシティ21」だった。この時、建設されたのが本連載でも触れた中央区・佃の超高層マンション群だった。そして、この再開発で取り入れられたのが、堤防の内側に作られた親水護岸だった。それまでカミソリ堤防で遠ざけられてきた人と河川の関係を改め、水と子どもたちが直接触れ合う場所を作ったのだ。

こうして一転して隅田川沿岸は多くの人の注目を集めるようになる。そして、東京に暮らす人と隅田川の関係にトドメを刺したある伝説のトレンディードラマが誕生する。一九九六年、木村拓哉が主演して話題を呼んだ「ロングバケーション」だ。この撮影の舞台となった通称「瀬名マンション」は、両国橋と新大橋の間に実際にあった（現在はすでに取り壊されている）。最終回のラストシーン。木村と恋人役の山口智子が、それぞれの名前を呼んで抱擁する場面があるのだが、その場所はあのカミソリ堤防の上だった。これまで負のイメージしかなかった水の臭いのする土地が、「リバーサイド」という名称で全国区になったのだ。江戸政から、このロンバケの舞台まで歩いて十数分だ。今でも当時をしのぶファンが全国からやってくるという。

考えてみると一九二四年創業の江戸政の暖簾には、こうした隅田川をめぐる東京の歴史の一端が染みついている。この店では最後にもう一回、追加の注文が許される。その時は断然「かわ」をお薦めする。串に鶏皮を何重にも巻き付け、芯までじっくり焼いた食感は、この店でしか味わうことができない。

ビール一本とおまかせ（焼鳥五本）と追加のかわでお勘定はおよそ三〇〇〇円。こうした粋な店で長居は野暮だ。半時ほど滞在して店を後にした。外には変わらずの行列と寒空にスカイツリー。隅田川は東京に暮らす人の人間模様を映しながら、今日も悠々と流れるのだった。

残念ながら「江戸政」は二〇二二年に惜しまれつつ閉店してしまった。今のその面影を残すがらんどうの店舗だけがその地に佇んでいる。

「東京の台所」魚河岸と築地市場（上）

築地市場のルーツ・日本橋魚河岸

いつの間にか消えてしまったその場所は、もしかすると東京最大の「寄せ場的空間」だったかもしれない。東京都中央区築地《つきじ》に一年前まであり、今は豊洲に移転した東京都中央卸売市場（築地市場）だ。長年、この市場は「東京の台所」と呼ばれて、首都圏に暮らす約一〇〇〇万人の胃袋を支え続けてきた。現在、市場があった場所は広大な空き地になっている。かつて、そんな築地市場を「人間の棲める町」と評し、「東京の街ではいつの間にか目にすることができなくなった人たちが、あたりまえのようにこの雑踏にいる」と書いたのは写真家・本橋成一だった。なぜ、この築地市場が東京最大の寄せ場的空間なのか、その謎を解くにはこの市場のルーツとなった日本橋を歩く必要がある。

築地と同じく、東京都中央区にある日本橋は、大規模な再開発によって真新しい大型商業施設が数年前に建てられ、街全体が大きく生まれ変わった。日本橋は東京の町の名前として定着しているが、そもそもはこの地を流れる「日本橋川」という川に架かる橋の名前だった。現在も「日本橋」という橋は存在し、頭の上を首都高が横切っている。その橋の袂に歴史を感じさせるある碑を発見した。

喫茶店「フォーシーズン」のナポリタン

「日本橋魚河岸《うおがし》記念碑」。この「日本橋魚河岸」こそ築地市場のルーツとなった魚市場だ。

そもそも「魚河岸」とはどういう場所だったのか。その誕生の背景には江戸時代の急激な人口増加が深く関わっている。徳川家康が幕府を開いた当初、わずか一五万人だった人口は、およそ二五〇年の間に一三〇万人にまで膨れ上がり、世界最大の人口密集都市が形成される。人口増加と共に江戸各地にあった市場をのみ込む格好で肥大化したのが日本橋の市場だった。

江戸時代、東京湾周辺の漁師は日本橋川の水運を利用して市場へ魚を運んだ。日本橋は江戸城（現在の皇居）にも近いことから幕府御用達の市場としての既得権益をほしいままにする。こうして、水揚げした魚を漁師から買い取り、競りと呼ばれる競売にかける専門業者「卸会社」、そして、その卸会社から買い付けた魚を一般に売りさばく「仲卸」という職業が誕生する。日本橋には、こうした魚を扱う専門業者が集まり、町と市場が一体化した「魚河岸」が誕生するのだ。

記念碑には次のように書かれている。

「魚河岸は江戸及び東京に於ける屈指の問屋街として、また江戸任侠発祥の地として全国的の羨望信頼を克ちえつゝ目もあやなる繁栄をほしいままにするをえたり（中略）われいたづらに去りゆける夢を追ふにあらずひとへに以って祖先のうちたてたる文化を長く記念せんとするに外ならざりけり」

この「江戸任侠《にんきょう》発祥の地」という言葉に、魚河岸の人々の気風と気質がつぶさに表現されている。当時は現在のような流通のシステムが確立されていない時代である。鮮魚を扱う商人たちは、買うにしても売るにしてもスピードが勝負だった。幕府御用達の大店ともなればなおさらである。幕府に納める鮮魚「御用肴」を江戸城に運ぶときなどは、大名さえもその荷車を避けたという逸話が残されている。曲がったことが大嫌いで、理不尽な喧嘩を売られれば正々堂々と勝負する。「弱きを助け、強きをくじく」。こうした気概のある若い衆は「勇み肌」「鯔背衆」と呼ばれ称えられ、その義侠心はしばしば歌舞伎や講談、戯曲などの題材として用いられた。いずれにしても、この魚河岸が育んだ任侠精神が、少なからず魚河岸で働く人々の気質となっていることは間違いない。

ところが日本橋に魚河岸があったことを示す記念碑は、この碑文くらいのものだ。しかも、魚河岸のあった日本橋川の上には首都高が走り、江戸文化としての魚河岸が、後世に伝えられているかというと首をかしげたくなる。

一〇〇年前の「市場移転問題」

明治維新後、実は日本橋は「魚河岸の町」から「日本最大の金融街」として発展を遂げることになる。とくに一八八二年、日本銀行が創設されると、金融街のど真ん中を我が物顔で占拠する「魚市場」を都市計画の名の下に移転させる計画が持ち上がる。

当時、魚河岸は遊郭が軒を連ねる吉原と同じく、七つの木戸によって周囲の町々とは隔絶された障囲の内側に存在した。店の軒先には手鉤(柄の先に鉤状の金属のツメが付いている道具)や出刃包丁が無造作に転がり、肌に達磨や鯉の刺青をした連中が闊歩し、日常的に賭博が行われていた。まるで結界の内と外のように、外界とはまったく異なる「符牒」などの文化や民俗が生まれ、政治の権力が及ばない聖域を形成したのだ。平たい言葉でいえばスラムである。現代でこそ市場は海外からやってくるインバウンド客をはじめ、東京を代表する観光地となっているが、当時の日本橋界隈は公衆衛生や風俗習慣において問題を抱える場所だったのだ。

「近代日本を象徴する日本橋に臭くて雑然とした魚市場はふさわしくない」

明治の東京市の官僚たちは都市の再開発を理由に、魚河岸の移転を強引に進めようとした。当然、魚河岸の人々は抵抗することになる。政治の介入によって市場の内部は移転賛成派と反対派に分断され、この「魚河岸移転」は東京の都市問題として長年未解決のまま放置されることになる。つまり、市場移転問題は今からおよそ一〇〇年前にも存在していたのだ。ところが、江戸幕府誕生以来、三百有余年にわたって続いた日本橋魚河岸の歴史は思わぬ形で幕を下ろすことになる。

一九二三年に発生した関東大震災である。マグニチュード七・九という巨大地震とその後の大火災によって、日本橋魚河岸は一晩で全焼し、およそ四〇〇〇人の人々が命を失われた。こうして市場は日本橋から築地へ移転。東京の地図から日本橋魚河岸の名前は消えてなくなってしまう。しかし、日本が高度経済成長を背景に、世界有数の資本主義経済大国となる以前の江戸の商業文化を受け継ぐ人々の血脈は、築地市場をへて、今は豊洲市場で働くいなせな若い衆によって受け継がれている。今でも市場に関わる人々は、自分たちの仕事場を「かしー(＝魚河岸)」と呼んでいる。

日本橋魚河岸の碑には実にいい句が刻まれている。「東京に江戸のまことのしぐれかな」（久保田万太郎）。私たちがこの東京の魚市場に思うとき、どこか懐かしさと共に、この場所で生きる人々に独特の魅力を感じるのは、こうした歴史的な文脈があるのだと私は考えている。それを理解した上で、冒頭の本橋成一の言葉を思い起こせば、本橋が言わんとしていることがある程度は理解できるのではないだろうか。

さて、本連載の「グルメ」というテーマについても、ここで書かねばならない。実はつい最近まで魚河岸には「就職」という概念が存在していなかった。ありのままを言葉にすると「履歴書が不要の世界」だったのだ。私が「魚河岸は寄せ場的社会そのものだ」と断言する所以である。そもそも、関東大震災で焼け出され、職を失った人が多く魚河岸で働き、その末裔が今では仲卸として立派な店を築いている。

魚河岸には会社でいえば経営者にあたる「旦那・番頭」と、主に店では肉体労働を強いられ、配達や掃除などの雑用を任される「小僧・丁稚」と呼ばれる人種に二分される。興味深いのは、この魚河岸内のヒエラルキーは年齢に関係ないということだ。つまり、何らかの理由で会社を首になった四十代の男性が、小僧として魚河岸で働くのはここでは当たり前だ。また、そうして魚河岸に足を踏み入れた者が、三日も経たないうちに姿を消すのもまたしかりだ。しかも、雇った側も心得ていて「あいつ最近顔みないな」で終わりである。博打に女、酒に借金。魚河岸ではそんな人様に自慢できないような過去を持つ人は多い。

そんな、人種の坩堝と化していた魚河岸には、ここで働く人々のために飲食街が作られた。その飲食街にも特徴があって、例えば「旦那・番頭」と呼ばれる人々は、買い出しにやってくる客の足が静かになると、仕入れを終えた銀座や日本橋の料亭や鮨屋の主人を伴って市場の敷地内にあった大和寿司に繰り出した。そして、さっきまで生きていた鮮度抜群の鯛や鰹などを肴にビールや日本酒を一杯やるのがお決まりだった。二〇〇〇年に築地市場の正門近くに都営地下鉄大江戸線の築地市場駅ができて以降、大和寿司は観光客が大行列する人気店になってしまったが、主人である入野信一さんは、もともと、この飲食店は一般人が足を踏み入れる場所ではなかったと語る。

「昔のお客さんは市場で働く競り人や、仕入れにやってきた板前など料理人で、みんな長靴の出で立ちでした。一般の人の間では魚河岸は特殊な場所という認識があったんじゃないでしょうか。事実、ここで働く人は負けん気が強く、喧嘩っ早い人が多かった。築地はプロを相手にした市場。素人はお断りという暗黙の空気があったと思います」

男たちが食べる夜明けのナポリタン

実は私も駆け出しのライター時代、この大和寿司に魚の勉強のために通った時期があった。やはり、カウンターでは仕入れを終えた旦那連中がビールをあけて魚談義に興じていた。市場の中の鮨屋は、いわゆるアンテナショップの役割だった。ここで実際に季節の魚を食べて、味や値段を確かめ、そろそろ自分の店でも使ってみようかと算段するのだ。カウンターの端に小さくなって座り、そんな食のプロ同士の会話に耳をそばだてながら鮨を頬張る。長靴で本マグロの大トロを食べる体験は、ここでしかできなかった。

一方の「小僧・丁稚」は無論、そうした鮨屋には旦那の手前、お金があったとしても入ることができなかった。その上、肉体を酷使する重労働を終えた後なので猛烈に腹が減る。そこで誕生したのが、いわゆる「早い・安い・うまい」の三拍子が揃った市場飯である。その筆頭が牛丼で有名なあの吉野家だ。

そもそも吉野家は日本橋魚河岸で創業した。創業者・松田栄一は、文明開化と共に日本に上陸した「牛鍋」にヒントを得て、まだ当時高級だった牛肉を醤油で味付けし、白飯といっしょに有田焼の丼に入れて提供した。その後、関東大震災による魚市場の築地への移転に伴い、吉野家も移転。築地市場内の店舗を第一号店と位置づけ、大々的に牛丼を売り出したところ、これが大当たり。吉野家の牛丼は、魚河岸で働く小僧や丁稚に愛され、魚河岸を代表する寄せ場飯となるのだ。

また、今や吉野家の代名詞となった「つゆだく（汁を多めにすることをダクという）」「あたまの大盛り（肉だけ大盛り）」「ねぎ抜き（玉ねぎを抜いて、その分肉を多めに）」「ねぎだく（玉ねぎを多めに、その分肉は少なめ）」などの符丁は、もともと、自分好みに牛丼を食べたい魚河岸で働く人のワガママから始まったと言われている。市場の中にはコンビニもなく、ほぼ毎日のように食べるものだからこそ、食べ飽きないように店側も配慮したのだろう。

二〇年前、私が取材を通じて仲良くなった小僧さんに連れて行ってもらったのは、今でも築地場外市場にある「フォーシーズン」という喫茶店だった。ここのナポリタンは魚河岸の男たちに愛された。ここでは注文を受けてからスパゲティを茹でるのではなく、すでに茹でて完全に火を通したスパゲティを、注文を受けてから一皿ずつフライパンで炒めて作る。具はソーセージと玉ねぎとピーマン。この店も食のプロを相手にしているから、ナポリタンといえども完成度が高い。まだあたりが薄暗い時間に、筋肉隆々の魚河岸の男たちと並んで食べたナポリタンは忘れられない。私はこれを勝手に「夜明けのナポリタン」と呼んで、市場が築地にあるときは足繁く通ったものだ。

人足寄場跡に建つ石川島灯台のモニュメント
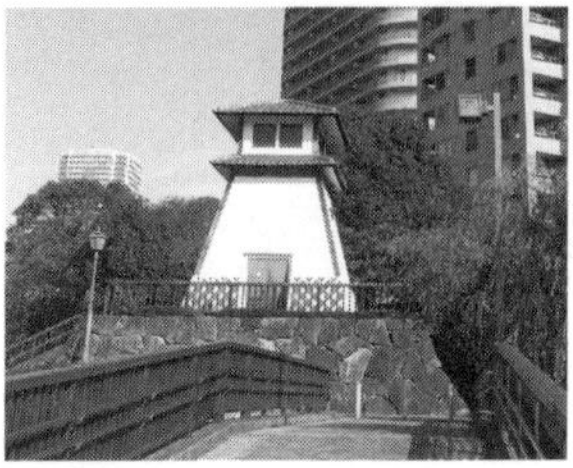

「東京の台所」魚河岸と築地市場（下）

大阪からきた漁民が佃の町を築いた

隅田川にかかる佃大橋の上に立つと、プンッと潮の匂いがした。ここは海水と真水が混じり合う汽水域。もう、目の前は東京湾だ。一九六四年、東京オリンピックが開催された年に竣工した佃大橋《つくだおおはし》のたもとに、東京がまだ江戸と呼ばれていた時代の風情を今に留める一角がある。東京都中央区佃。その街並みは昔ながらの木造長屋が密集する地域と、東京でいち早く「湾岸エリア」と呼ばれ、高層マンションがにょきにょきと林立する地域に分けられる。下町風情を残した街並みは、主に「佃一丁目」の一部だ。この町の名物が小魚や小エビ、アサリなどの魚介類を醤油と砂糖で甘辛く煮付けた「佃煮」だ。現在、三軒の専門店があり、はるばるこの佃名物を買い求めるためにやってくる客もいる。江戸時代、この町を築いたのは新天地を求めて大阪から移住してきた漁民だった。彼らこそ東京の魚市場の礎となる「日本橋魚河岸」を拓いた人々である。なぜ、彼らははるばる大阪から東京へやってきたのだろうか――。

「江戸の図に点を打ったる佃島」

江戸時代に詠まれた、こんな句が残されている。この「点」というのが佃のことだ。当初、地名の由来となった「佃」は、隅田川の河口に広がる「鉄炮洲《てっぽうず》」という名前の干潟を埋め立てて造られた人工島に過ぎなかった。重機もない時代、人足だけを頼りに満潮になると一面、海と化す汽水域を埋め立てたのは、大阪摂津国西成郡佃村（現・大阪市西淀川区佃）から移住してきた漁民だった。この島は彼らの故郷の名を冠して「佃島」と呼ばれ、漁民らは「佃衆」と呼ばれるようになる。やがて人口の増加につれて、佃島の周囲は埋め立てられ、今では、もんじゃ焼きで有名な月島とつながり「月島埠頭」を形成している。

古い書物を読むと佃島のルーツについてこんな記述がある。要約すると以下の通りだ。

「一五八二年、明智光秀による本能寺の変の時、織田信長と懇意だった徳川家康は、大阪の堺に滞在していた。信長の死を知った家康は、光秀の追手から逃れるための脱出劇を試みる。その時、家康を助けたのが摂津国佃村の漁民だった。家康はこの恩義を忘れることなく、江戸幕府を開いた折、佃村の人々を呼び寄せ、鉄炮洲の東に広がる干潟と江戸湾での漁業権を与えた」

専門家に言わせると、四〇〇年前の出来事なので本当のことは定かではないらしい。ただ、家康と佃の漁民が深い縁で結ばれていたことは間違いない。佃には地域の氏神様を祀る「住吉《すみよし》神社」がある。祀られているのは「東照御親命《あずまてるみおやのみこと》」で、これは家康公のことである。創建は一六四六年。宮司・平岡好朋さんの祖先も江戸時代に大阪から移住した者の直系だという。

「大阪の佃にも同じ住吉という名前の神社があり、苗字が私と同じ平岡です。調べると、一三代前の兄弟だということです」

家康の庇護の下、佃衆は江戸湾での漁業権を恣《ほしいまま》にした。当時は多摩川の河口（現在の羽田沖）

が主な漁場で、そのほかには、現在、東京湾を東西に走る東京アクアラインの千葉側の入り口に近い「富津」。同じく東京ディズニーランドがある千葉・浦安が有名だった。獲れた魚はその日のうちに江戸城に運ばれるのだが、東京湾で操業した漁船が魚の水揚げ港として利用したのが、隅田川支流の日本橋川の岸壁だった。日本橋は江戸城にも近く、佃衆は幕府への献上魚の残りを、その岸壁で売買することを許される。こうして、日本橋川の岸壁には「市」が立ち、江戸中から鮮魚を扱う商人や料理人が買い出しにやってくるようになる。これが前号で紹介した「日本橋魚河岸」の始まりだ。この魚河岸の誕生は江戸に暮らす人々だけでなく、その後の日本人の食文化に革命的な影響を与えた。そもそも、この魚河岸を含む当時の江戸は、世界最大の人口密集都市であり、同時に世界最大の「寄せ場的」空間だったことを忘れてはならない。

家康が幕府を開く以前の江戸は中世以来の戦乱で荒廃していた。家康はまず江戸城の建設に着手する。城を守るために掘削されたのが「堀」で、その掘削土で日比谷周辺の入り江を埋め立てた。そうして作られたのが銀座、京橋、日本橋など広大な市街地だ。江戸を日本の新たな政治、経済、文化の中心地にしようと全国から幕府御用を務める商人や職人、土木業や建設業に従事する人足が集められた。こうした職人や労働者が暮らす木造長屋が密集する地域は「下町」と呼ばれ、上野・寛永寺や芝大門の増上寺など将軍家の菩提寺や、全国の大名屋敷が林立する「山の手」とは区別された。

江戸の庶民が生んだ「天ぷら」と「鮨」

江戸幕府誕生後、時代が進むにつれて経済力を背景に武士にかわって江戸文化の担い手となったのが莫大な財を築いた江戸の商人だった。魚河岸のあった日本橋には、魚問屋や呉服商、両替商、材木商、油問屋などが密集し、歌舞伎や人形芝居、俳諧や川柳などの江戸文化が誕生。花柳界が形成された。花柳界には高価な食事を提供する料理屋や仕出し屋が不可欠だ。例えば「江戸の初物食い」の熱狂は有名だった。中でも江戸に初夏を知らせる鰹は「初鰹」と呼ばれ、幕府御用の鰹を歌舞伎役者が一本三〇両（三〇万円）で買ったという逸話が残されている。鰹も旬を迎え、大量に流通するようになると値段も下がるというのに、無理して初物に大枚をはたくのはばかばかしいとも思えるが、それをよしとするのが江戸っ子の気風だった。

こうした富裕層の食文化に対し、いわゆる労働階級の「庶民」の間で広まったのが、今や日本が世界に誇る食文化の「天ぷら」と「鮨」だ。今でこそ高級な和食のイメージが強いが、そのルーツは江戸の大工や左官など肉体労働者のための立ち食い屋台のファストフードだった。

東京を代表する天ぷら職人として名高い「てんぷら近藤」の近藤文夫さんは、時代小説の大家・池波正太郎原作のテレビドラマ「剣客商売」や「鬼平犯科帳」に登場する料理の監修・調理を長年担当。江戸料理に精通している近藤さんによると、天ぷらはもともと、庶民がおやつ感覚で食べるスナックのようなもので、決して腹を満たすものではなかったと話す。

「市で売れ残った小魚を、どうすれば捨てずに利用できるか。うろこや内臓を落とした魚を、うどん粉で作った衣につけ、ごま油で揚げたのが最初です。当時のごま油は精製が悪く、その天ぷらは油っぽかったでしょう。だから揚げたての天ぷらをツユにくぐらせて、油を落とす、という手法が考案されたのだと思います」

天ぷらと肩を並べる「鮨（にぎりずし）」も、最初は屋台の立ち食い鮨から始まった。ただ江戸の鮨は新鮮な魚介類を切りっぱなしで握るのではなく、「煮る」「蒸す」などの手法で食材に火を通し、酢や塩を使って「締める」ことで魚の臭みを打ち消し、その旨味を凝縮させた。誕生当時の鮨は現在よりもシャリの量が多く、おにぎり程度の大きさだった。時間に追われて仕事をする労働者の腹持ちをよくするための工夫なのだ。

天ぷらも鮨も「江戸前」という言葉で現在に継承されている。江戸前とは、文字通り「江戸城の前で獲れた魚を使う」という意味もあるのだが、同時に江戸の人々の「手前」「作法」などの意味もある。つまり、「いきでいなせ」という言葉に集約される短気で気の短い、せっかちな江戸っ子の気質が「安くて、早くて、うまい」という現在のファストフードの原点ともいえる庶民の食文化を育んだ。鮨も天ぷらも「食べる」ではなく「つまむ」と形容する。

天ぷらや鮨に使われる魚は「雑魚」と呼ばれ、市では大量に入荷し、売れ残る品物だ。こうした捨てるはずの雑魚に手間暇をかけた仕事を施し、今では日本を代表する食べ物へと昇華させた先人たちの知恵と努力には頭が下がる思いだ。まさに寄せ場飯として誕生した食べ物が、今や日本文化そのものとして世界中の人々を魅了しているのである。

いまも生きる魚河岸の文化

魚河岸を開いた佃衆だが、実は佃島の隣には石川島という島があった。佃島のある場所は砂地だったが、石川島は頑丈な岩でできていたため、別名「鎧島」と呼ばれていた。この島に江戸中期に造られたのが前科者や浮浪者の更生施設を備えた「人足寄場《にんそくよせば》」だった。かの火付盗賊改方として名高い長谷川平蔵が、時の老中・松平定信に提言して建設した場所だ。つまり、この連載のタイトルである「寄せ場」という言葉のルーツは、ここ「佃」にあるのだ。

漁民の佃に対し、監獄の石川島。この二つの島は近距離にありながらも、泳いで渡ることはできなかった。佃の年配者の中には、祖父から監獄時代の話を聞いたという人もいる。佃からは姿は見えないけれども囚人の声が聞こえたそうだ。囚人は赧色《あかいろ》の囚人服を着ていたので、佃の人は囚人が騒ぐことを「赤ん坊が泣く」と表現したそうだ。

この石川島の人足寄場は幕末には閉鎖され、水戸藩が所有する造船所が建設された。その後、この場所は石川島造船所（現ＩＨＩ）に買い取られ、石川島と鎧島は埋め立てによって地続きとなる。現在、人足寄場のあった場所には「大川端リバーシティ21」という高層マンション群がそびえている。親水護岸や公園が造成され、近くに学校や幼稚園もあって、休日になると子供たちのはしゃぎ声が聞こえる。少子高齢化でひっそりと佇む佃一丁目の集落とは対照的な雰囲気だ。

現在、その集落と高層マンション群を隔てるように、L字型の運河が残されている。この運河が二つの島が地続きになる以前の唯一の名残である。

この「寄せ場」と「魚河岸」の関係についても触れておきたい。明治時代になり、石川島造船所が佃に造られると、全国から工場労働者が職を求めて流入した。そして、この造船所が閉鎖されるまでの間、佃界隈には長屋がずらりと並んだ。一方、太平洋戦争後は、佃から漁業関係者が次々と姿を消した。高度経済成長に伴う生活排水が原因で、隅田川は「死の川」と呼ばれるようになったからだ。しかし、佃には、現在も魚河岸（豊洲市場）で魚の売買をする仲卸店を経営する人が数十人いる。

実は魚河岸では仲卸業者が雇う配達員を「軽子《かるこ》」と呼んでいた時代があった。配達員といっても単に荷物の配達をするのではなく、魚河岸における最底辺の重労働を担う雑用係のことだ。この「軽子」という呼び名は、近世における重犯罪者の呼称＝「重子」に対する、軽犯罪者の呼称として用いられてきた。これは人足寄場から魚河岸へ、労働力の人的供給の可能性が指摘されている。もちろん、これは明らかな差別語なので、現在では「配達員」と改められている。

また、この軽子と呼ばれる人々は、市場で大量に廃棄される魚のアラを回収して回るのも仕事だった。回収したアラは飼料として再利用するのだ。しかし、魚のアラの中でも「マグロ」のアラだけはご馳走だったという。今でこそマグロは価格、魚体、希少価値においても魚河岸の頂点に君臨しているが、流通と保存技術が確立されていなかった昭和初期の頃までは下魚の扱いだった。マグロは釣り上げてすぐ内臓を取り出し、氷で全身を冷やし込まなければ、魚体が変色してしまうのだ。また、今では「トロ」と呼ばれる「腹」の部分も、かつては「脂っぽい」と敬遠され、捨てられる始末だった。

こうしたマグロのアラを軽子連中は持ち帰り、「ねぎま鍋」にして食べたのだ。ねぎま鍋は、鰹と昆布の出汁を、醤油とみりんで味付けし、そこにマグロのアラと冬場にうまくなる東京の千住葱、豆腐を加えて煮込んだものだ。ほぼタダ同然の汁物である。軽子として半世紀以上、魚河岸で働く年配の男性は言う。

「マグロは火を通すことで、極上の脂が出汁に溶け出すのです。さっぱりとしていながら、濃厚。けれども、いいマグロほど脂のキメが細かくて、胃にもたれないのです。寒い時は、このマグロのアラをもらってきて、鍋を作り、仲間と頬張るのですが、胃袋に染み渡る美味しさです。けれども今ではマグロのアラといっても、そう簡単に手に入る時代ではなくなりました」

終電車で出勤し、仕事が終わるのが昼過ぎ。完全に昼夜逆転の生活である。つまり、魚河岸では午前十時を過ぎれば、ほぼ仕事は終わりで、旦那衆は一足先に帰宅する。店の片付けを任された軽子が魚河岸を出るのは昼過ぎ。お天道様が真上にあって、おもわず、その眩しさに目をパチパチさせるという。

佃という町が育んだ魚河岸の文化は、市場が日本橋から築地、築地から豊洲へと移転した現在もなお、健在なのである。

第4章【対談】寄せ場と「縁食」

藤原辰史氏

【対談】寄せ場と「縁食」（上）

グローバル化する現代の「寄せ場」

本連載ではこれまで、「寄せ場」と「食」、そしてその地に生きる「人」が織りなす情景を取材してきた。

一方、「寄せ場」はアカデミズムの見地からはどう捉えられるのだろうか。二十世紀の食と農の歴史や思想について詳しい、京都大学人文科学研究所准教授の藤原辰史氏との対談を、上下二回にわたってお届けする。

＊

中原　一般的に「寄せ場」というと「東京・山谷」「大阪・釜ヶ崎《かまがさき》」「横浜・寿町《ことぶきちょう》」など日雇い労働者が暮らす場所（街）という意味で使われることが多いのですが、私は何も寄せ場はその概念を含め、特定の地域に限定するものではないと考えています。この四半世紀で日雇い労働者の就労形態も、世代も何もかも様変わりしました。かのミュージシャン・岡林信康が、一日の辛い仕事を終えて焼酎をあおる日雇い労働者の心情を唄った「山谷ブルース」の世界は遠い過去の話になりました。

一方で日本社会の最底辺とも言うべき「寄せ場的社会」で逞しく生きる人々は健在です。かつ

山谷の「城北労働・福祉センター」前の立て看

ては地方から都市を目指した出稼ぎ労働者が主体でしたが、今では中東やアフリカからやってきた「移民」が３Ｋ労働の主体となっています。私が「寄せ場のグルメ」で取り上げているのは、まさにそんな新旧の労働者がこよなく愛した食べ物であり、その社会から誕生した食べ物です。

かつて寄せ場のグルメの代名詞は「ホルモン焼き」でした。発祥地は諸説あるものの、と畜《ちく》した後に捨てられていた牛や豚の内臓を、ニンニクやコチュジャンなどの香辛料の効いた朝鮮風のタレに漬け込んで焼いたのが始まりだといわれています。今でこそホルモンを塩で提供する店もありますが、それは、と畜後の冷蔵、流通の技術が発達したごく近年の話です。寄せ場のグルメは、「安くて、早くて、旨い」の三拍子が鉄則ですが、今では国産のホルモンは高級焼き肉店が奪い合う高級な食べ物になってしまいました。場末の裏路地で煙を濛々と立てるホルモン屋で使う臓物の部位は、ほぼ海外からの輸入品。今は内臓が空を飛んで太平洋を渡ってやってくるのです。そうした「食」をめぐる歴史を掘り下げると同時に、その歴史の変遷も連載の「肝」になっています。

藤原　「寄せ場のグルメ」に興味を抱くのは、むしろ「人間の生命の循環」という視点です。二年前、私は『分解の哲学』という本を上梓しました。人間社会と生命社会が循環しながら社会を形成している事例として分かりやすいのは農業です。人間の排泄物や動植物の死骸が土壌に還り、やがて作物となって人間の口に入ってくる。それはそうなんですが、単に物質が循環しているという視点だけでは、ともすれば、この流転の物語は安易なエコロジーで話が終わってしまう可能性がある。

例えば、ホルモンという食べ物だって元は生命の死骸ですけど、それを食べて精をつけて、明日を生きようとした人間の物語がある。日本を底辺で支える人々というと語弊があるかもしれませんが、そういう人々なしには、私たちはオリンピックさえ、万博さえ、都市開発さえできないのです。

そして、中原さんが指摘されたように、最下層の労働者の集まる場所がグローバル化しはじめている。この点は現代の死角となっていて、今を生きる私たちが時代のどういう場所に立っているかを知る上でも重要な視点だと思っています。そうした人々が何を食べているのか大変興味深いです。

「ステイホーム」できない労働者たち

中原　私が「食」という分野における「皿の上」と「皿の向こう側」の両方を書こうと思うようになったのは、二〇〇〇年に栃木県のあるイチゴ農家を取材したことがきっかけでした。私は、いわゆるグルメ雑誌の取材で、当時、一粒三〇〇円とも言われた高級イチゴの取材に出かけたのです。その宝石のように美しいイチゴを育てていたのは片言の日本語を話すベトナム人でした。彼らの生活は、まさに「３Ｋ」労働以下の劣悪な環境で、農業研修生という名目だったと思いますが、その実態は人権無視の搾取の現場だったのです。非常にショックを受け、その事実をその雑誌で書こうとしたのですが、編集長に止められました。

藤原　それ、超おしゃれな雑誌なんですよね、多分。

中原　そうなんです。この時、本当は地続きのはずの「皿の上」と「皿の向こう側」の断絶に気がつきました。食べるという行為は国籍や年齢、性別などを問わず「幸福なもの」です。けれども、一方で食べないと生きてはいけない「辛さ」も内包しています。私はその両面を書く仕事がしたいと思ったのです。

藤原　イチゴ農家を支える移民の話がでました。重要なことだと思います。もともと「寄せ場」のルーツは江戸時代、隅田川の河口にあった石川島（現在の東京都中央区佃）の人足寄場だと思います。ここは無宿、無頼、乞食などを収容する施設でした。彼らは定住しない「流浪の民」です。中原さんが取材されたイチゴ農家で働くベトナム人も同じですよね。つまり、皿の上の高級イチゴを満喫できる社会に属する人が、彼らの賃金を値切っているわけです。一つの場所に根を張ることができず、社会を流転していく不安定な「彼ら」だからこそ、信じられないような低賃金が成立するわけです。

今回、新型コロナウィルスの蔓延で「ステイホーム」という言葉が社会に定着しました。人類は今、「定住」を前提にした世界で生活をしている。それが当たり前だと思っているのです。けれども、社会を本当の意味で支えているのは、ステイホームしたくてもできない人々であり、私たちがステイホームしている時にも生活のために外で働いている労働者なんですね。つまり、定住社会に住んでいると言い切れる人は、自分が社会の中心にいると勘違いしている人です。社会を下から横から斜めから、一生懸命、体を張って支えている人々が社会の循環過程を担っているのです。

中原　確かにそうです。その流転する人々に魅力を感じるんです。不安定だからこそ、安くておいしいものを食べたい。どうすればいいかと知恵を絞ったんだと思います。

藤原　歴史的にも「食」を学問という視座から紐解いた本はいくつもあるのですが、その多くが例えば「コーヒー」「ワイン」「ケーキ」など、おいしさだけを求める貴族階級のお話になりがちなんです。そうした食べ物がどのように誕生したかを真摯に明らかにしようとすれば、とどのつまりは奴隷貿易に行き当たるのです。コーヒーもワインも砂糖も、要は基本的人権を適用しない労働力が必要なんですね。そうした労働者は「使う」ことができるし、いつでも「捨てる」こともできる。所有し切り離せば捨てられる、という労働の形態が認められていなければ、おそらくグルメという文化は存在しなかったのだと思います。

中原　藤原さんも学生時代に、大阪の釜ヶ崎に通っておられたんですよね？

藤原　いえ、そんなには行ってません。ただ、最初の衝撃は今も覚えています。あの場所で考えたのは「人間にとって本当の自由って何？」ということです。大阪のシンボル・通天閣のある一角に天王寺公園というのがあって、真っ昼間からブルーシート暮らしの野宿のおっちゃんたちがカラオケをやっているんです。その脇を観光客やサラリーマンが、ものすごく肩身狭そうに通ってゆく。近所の薄汚い食堂では、朝からおっちゃんたちが飲んでいる。お好み焼き屋もそう。もう、人間を含めたあらゆる臭いが混じり合った場所ですよね。おっちゃんたちはいい気なもので、その空間に溶け込んでいる。同じ空気を吸っているのに、私だけ切り離されている感覚を覚えたものです。

ある時、大学で野宿者の調査をしたことがありました。それで学生たちとテント暮らしのおっちゃんを訪ねるのですが、話を聞いているうちに「まぁまぁ」とか言って、そのおっちゃんが賞味期限が切れたゼリーをくれるんです。もちろん、おいしく頂いたのですが、一緒に調査していた福祉系の学部生は、「あはははは……」と笑うのが精一杯でした。

中原　分かります。なんか生身の人間の剥き出しの情念に圧倒されますよね。

藤原　なんか世間では野宿者といえば「食事に困っている」というステレオタイプの先入観があるんだけど、実際は「餌取り」と称して賞味期限切れの弁当をどこからかちゃんともらってくるんです。また、野宿者の中にはペット、例えば雑種犬を飼っている人もいて、そんな人はちゃんとドッグフードも拾ってくる（笑）。なんという「クオリティ・オブ・ライフ」かって。

駅前の一等地に投資目的で高級マンションを購入して、ほとんど住んでいない上級国民の皆様もいらっしゃるんですけど、「どっちが自由で、どっちが楽しい人生なんだろうか」と考えてしまいます。

都市の周縁に残る、人間が暮らす「臭い」

中原　私も大阪の「臭い」って忘れられないです。人間は有機体なので決して無味無臭なんてことはないのですが、この私ですら、大阪のまさに新世界からジャンジャン横丁を抜けて、飛田新地へと向かうあたりに漂う臭いをかぐと、なんて自分が無味無臭な人間なんだとつくづく思うことがあります。

本来、「大阪」でなくても、「東京」でも「京都」でも「福岡」でも、その土地の臭いはあるはずです。臭いは「個性」とも置き換えることができると思います。ところが、いつの頃からか「東京」を中心に、そんな地方の「臭い」を消して生活をすることが良しとされるようになった。無論、一口に東京と言っても、下町と山の手では本来は言葉も習慣も全く違う。けれども、都市化が進む中で、どの街も同じ表情になった。そんな、のっぺらぼうの街で、人々は自分の個性を押し殺すかのように生きている。

もしかすると、私が山谷や釜ヶ崎などの混沌とした社会に、ある種の懐かしさを覚えるのは、こうした「臭い」と無関係ではないような気がするんです。都市の周縁に奇跡的に残った下層労働者が暮らす街は確かに、東京らしさは感じないものの、人間が暮らしているという臭いや体温を感じることができます。

藤原　私にとって、寄せ場といえば忘れられない本があるんです。明治中期の東京、その最下層で暮らす人々を描いた『最暗黒の東京』です。著者は日本の記録文学の雄と呼ばれるジャーナリスト・松原岩五郎《まつばらいわごろう》です。

中原　同じく明治中期の東京を舞台にした横山源之助《げんのすけ》の『日本之下層社会』と共に、まさに私も影響を受けた一冊です。

藤原　私、この本の中で描かれる深川飯のシーンが大好きなんです。

「これはバカ〔馬鹿貝。あおやぎ〕のむきみに葱を刻み入れて熟烹し、客来れば白飯を丼に盛りてその上へかけて出す即席料理なり。一碗同じく一銭五厘、尋常の人には磯臭き匂いして食うに堪えざるが如しといえども、彼の社会においては冬日尤も簡易なる飲食店として大に繁昌せり」とかですね、何かいちいちすごくパワフルじゃないですか。まさに寄せ場のグルメですよね。中でも特に記憶に残っているのが、残飯屋の話なんです。残飯屋は、本来は捨てられるはずの有名料亭の残飯や、俗に「兵隊飯」と呼ばれる士官学校の残飯を集めてきて売る商売のことです。松原はここに入門して、実際残飯屋の主人と生活を共にするのですが、松原はそこを「貧大学」と呼ぶんです。貧しい大学。そして「アカデミズムは帝国大学にはない」と結論づけるのです。

中原　松原は本気なんですよね。

藤原　そうです。学問は常に新しい分野、世界を定義づけるために、常に新しい「言葉」を探します。しかし、いつまで経っても何か古い言葉を使って新しい世界を定義づけようとして、失敗し続けてきました。けれども、東京の貧民窟では例えば焦げた飯のことを「虎の皮」と呼ぶのだそうです。また、収穫したわけでもないのに残飯が少ない時は「飢餓」と呼んだり……。まさに松原が言うように、この世界は「智」で溢れていると思うのです。

山谷闘争の舞台マンモス交番と隣の「大林酒場」

【対談】寄せ場と「縁食」（下）

「孤食」と「共食」、そして「縁食」

前回に引き続き、京都大学人文科学研究所准教授の藤原辰史氏との対談をお届けする。「縁食《えんしょく》」という言葉を手掛かりに、孤独な人々が安心できる「居場所」は日本社会のどこにあるのかを探った。

＊

中原　藤原さんは『縁食論』という本をお書きになっています。私は「縁食」という言葉に深く感じ入りました。というのも、その冒頭で「孤食《こしょく》」という「ひとりぼっちで食べる」行為について言及されていたからです。寄せ場には「めしやは孤独の吹きだまり」という言葉がある通り、寄せ場と孤食は切っても切り離せません。藤原さんは「孤食」と反対語で「共食」という概念にも触れている。こちらは、言うまでもなく、食事は一人ではなく、複数人で食べた方がおいしいという、至極当たり前の事なのですが、興味深いのは「縁食」というのは、その「間」にあると指摘されている点なんです。

　そして、藤原さんは「孤食」を克服する概念としての「共食」は大事なんだけど、これまで日本社会は「共食」といえば「一家団欒」という家族を中心に据えたビジョンに拘泥しすぎていなかったかと疑問を投げかけておられて、最後にこう言われています。「端的にいえば、孤食という厳しい山を登り切ることができる集団は、家族だけなのだろうか」。まさに膝を打つ思いでした。

藤原　釜ヶ崎を初めて歩いたとき、寄せ場は「家族という枠組みでは救いきれなかった人々が集まる場所」だと感じたんです。無論、勤めていた会社が倒産したり、某かの罪を被ってドロップアウトしたり、体を病気や怪我で壊した結果、社会における健康な労働力になれなくなった人もいます。けど、釜ヶ崎に流れ着いた人の多くは、愛していた家族と一緒に住めなくなった人たちが多かったんです。つまり、私が「救いきれなかった」と言ったのはむしろ意図的で、要は日本社会の構造は今も昔も、「最終的なセーフティーネットは家族で賄ってください」というのが原則なんです。自民党の改憲草案では「家族は、互いに助け合わなければならない」とまで言っている。

中原さんが言う「めしやは孤独の吹きだまり」という現実は、労働形態もそうなんですが、どうしても家族と家族形成が難しかったり、あるいは愛する家族と離別したり、そもそも家族の愛が崩壊したからで、そのこと自体は極めて自然なことだと思っています。だから、一人でも安心して飲食ができる、寄せ場の「酒場」「めしや」「立ち飲み屋」は貴重なんです。つまり、今の日本には、社会が設定した一つのモデルになりきれなかった人々に「ちょっとのお金を払ってもらえば、ここにいていいよ」という場所があまりにも少なくなった。それが、同じく価格は安くても「消費」を目的にした居酒屋チェーン的な店に置き換えられてきたのです。

中原　なるほど。「安心できる自分の居場所の確保」ですね。

藤原　はい。言い換えれば自分がそこにいてご飯を食べていることを、誰からも邪魔されないというのは、ある意味で人間の尊厳を守ることじゃないですか。孤食という言葉には少なくともネガティブな意味が含まれていますが、私は「共食」も含めて、食のあり方はもっと自由で多様であっていいと思っています。結局、個人の食べるという行為を、「家族」や「血縁」だけに収斂するのはおかしいということを証明したかったのです。

深い関係でなくてもそこにいられる場所

中原　そもそも縁食という言葉はどのように考えられたのですか？　アカデミズムの世界における「縁」とはいったいどんな概念なんでしょうか？
藤原　建築家の能作文徳《のうさくふみのり》さんという方がいます。その人は古い建物を再利用することが得意で、「捨てない建築」を目指されているんですね。その能作さん曰く、日本のかつての建築は「縁」を大事にしている。つまり、パッと人が立ち寄って、ちょっと休憩ができる、ある種のドライさを含んだ設計だったとおっしゃっていて「そういえば実家もそうだった」と思ったのです。
　まさに縁側というのは、家族以外の例えば隣のおっちゃんがふらりと来て、漬物かじって、お茶飲んで、半時ほどで帰る所でした。それが今や社会の中には、ホームレス対策だとか言って、堂々と寝そべることができない歪な格好のベンチが結構ある。あの建築物のメッセージは「そこはあなたの居場所ではない」ということですよ。そんな社会の中で、あの「縁側」の感覚みたいな存在を言葉にしたいと思ったのです。日本人は「縁」という言葉が大好きで、「ご縁があって結ばれました」など、「縁」＝「強固な結びつき」をイメージしますが実はそうではない。「縁」は「ふち」とか「へり」とも言い換えることができますが、ドライなまま人が一緒にいられる場所。つまり、強固で深い関係ではなくても、そこにいていいよという場所としての「縁」がこの社会には必要だと解釈したのです。

中原　それで思い出したのですが、私が本連載の二〇二一年二月号で川崎の大衆食堂を書いた時、その書き出しに漫画家・岡崎京子作『リバーズ・エッジ』の冒頭を引用したんです。川崎というものは、町全体が「寄せ場」のような場所で、駅前は怪しいネオンが瞬く繁華街。そして、湾岸エリアは戦後の高度経済成長を支えた「京浜工業地帯」がある。この工場労働者が愛する「めしや」「酒場」がひしめいています。無論、この漫画の舞台は寄せ場とは対照的な、気だるい日常の延長で退屈な場所だったのですが、それはいいとして、二〇一八年、この『リバーズ・エッジ』の映画化に際し、メガホンをとった行定勲監督が、この映画に関してこんなコメントを発表しているんです。

「リバー（川）が『歴史』だとして、そのエッジ（縁）に立っている感覚を持ちながら映画を作りました。この映画は大きな時代の空気に飲まれていて、最後まで途上にいる。だから、誰もが自分に置き換えられるし、長い間、いろいろな人に影響を与えている」

この川崎という場所が「歴史」の「縁」であると。まさに川崎は藤原さんの言う、強固で深いつながりを他人と築けなかった、ある意味で孤独な人々の溜まり場です。けれども、彼らは口を揃えて、川崎は住みやすいと言うのです。
藤原　そうそう。何ていうのかな。私が考える「縁食」って、「絆で関係を結んで、みんな笑顔で楽しく食べましょう」じゃなく、すごく不機嫌でムスッとした人が、そのままでいられるというか、それを許してくれる食の現場なんです。そこで中原さんにも聞きたいのですが、寄せ場のグルメに登場する客ではなく、店の主人。つまり、おじちゃんやおばちゃんと、どのような距離感で取材されているのですか？　そういう場所を仕切っている人って、すごくオーラがあるというか、客の間合いに容赦なく入ってきますよね。
中原　寄せ場のグルメの世界は、お客様は神様ではありません。なぜならば、店に秩序があるからです。なぜ秩序があるかというと、あらゆる意味で店の「治安」を守るためです。
藤原　分かります。だって日雇い労働者のおっちゃん達、腕っ節がいいですからね。泥酔したらすぐにケンカする。そもそも、山谷や釜ヶ崎のベテラン住人の中には、「闘争」と称して機動隊を相手に石を投げたり、ゲバ棒振り回した人も多いですからね。
中原　憂さ晴らしと称してね、派手にやらかしてしまう人がいる。本連載の記念すべき第一回で紹介した「大林」という有名な酒場が山谷にあります。厳つい顔の老主人が店を差配しているのですが、この人が徹底しているのです。まず、顔が赤い人、つまり、別の店で一杯ひっかけて来た人の店への立ち入りは許されないんです。カウンターもテーブルもガラ空きなのに、「もういっぱいだよ」ってピシャリ。また、複数人で入ろうものなら、同じくピシャリ。私も何度も閉め出されました。そんな主人の洗礼をかいくぐって、何度か店に通っているとあることが分かったのです。それは、この店の客のほとんどが年配の一人客だということ。服装はジャージや足元はサンダル履きや便所スリッパの人が多い。要するに近所のドヤ暮らしのおじさんが、一人で静かに飲みに来ていたのです。その時、ああこの強面のおじさんは、この「孤独になれる場所」を守りたかったんだなと思いました。寄せ場に暮らす人の中には、本当の自分の名前を名乗れない人もいる。だから群れることを嫌うのです。だから、当然「食べログを見てきました」的な客は不釣り合いだし、余所者《よそもの》に厳しいということが分かりました。

善き酒場や食堂は個人の尊厳を尊重

藤原　分かります。余所者が肩身の狭い思いをする感覚。けれども、あくまでドヤ暮らしの生活圏に、余所者である私たちが、ある意味、土足で入って行くのだから、その洗礼は当然ですよね。
中原　そうです。実はこの店のある場所は、山谷闘争の舞台にもなった「マンモス交番」の隣なんです。つまり、権力との最前線にあった酒場で、昔を知る人によると警察や機動隊に追われた労働者を、この店のおじさんが裏口から逃がしてあげた、という逸話も残っています。まさに歴史の証人です。風貌からして、かなりのご高齢なので、もうあと何年、続くか心配になります。これまで一切、取材拒否を貫いています。けど、その気持ちも分かります。必死に守っているんですね。
藤原　そうした歴史を知らない余所者が「食べログ」などの評価サイトで、「主人の態度が横柄だ」「理由もなく断られた」などと投稿してしまうんですよ。きっと。

中原　あの主人は厳しいと誰もが口を揃えますが、実はものすごく人間に対する優しさがある人だと思ったことがありました。ある中年の男性が、よほど疲れていたのだと思います。酎ハイを一口、二口飲んで、そのまま、カウンターに頬をつけて寝てしまったんですね。店での立ち居振る舞いに厳しいので、絶対に注意されるな、と観察していたのですが、結局、しばらくの間、見て見ぬふりをしているんです。この時、藤原さんの言葉を借りれば、「個人の尊厳を尊重している人だなぁ」と。以来、善き酒場の条件の一つに、「一人で暖簾をくぐって、カウンターでうたた寝が出来る店」と思うようになりました。

藤原　「縁食」というと「子ども食堂」を思い出す人も多いと思います。もちろん、それそのものを否定はしません。ただ、食事は無料で食べられるとしても、そのまま食べて帰ってしまうだけではもったいない、と思っています。むしろ、大事なのは参加の感覚だと思っています。その場所に関わることで、無料で食事を食べさせてもらっているけれど、本来は自分が関わることで、その場所の秩序となってゆくのが理想ですね。食べた後の皿を洗うでもいいですし、店内の掃除を手伝うでもいい。

中原　行政が一方的に「上」から押しつけるのではなく、市民のこうした取り組みを側面から援護するような仕組みがあってもいいですよね。

藤原　そうですね。そのためには、「食卓」＝「家庭」ではなく、食べるという空間を家族から切り離し、もっと乱雑に、いろんな場所にあればいいなと思います。まさに公（パブリック）です。

まさに寄せ場の秩序のある自由が必要なんです。

中原　藤原さんは本の中で「公衆食堂」というものが社会制度としてあってもいいと言及されています。いつでも、誰でも、無料で、ご飯を食べることができる食堂。そして、そこはただ食事をする場所ではなく、食べる側の人にも役割があって、やがて、自分の居場所になるような。かつての寄せ場にはそんな場所がいくつもあったのだと思います。

（藤原辰史　ふじはら・たつし／一九七六年生まれ。京都大学人文科学研究所准教授。『分解の哲学』でサントリー学芸賞受賞。著書に『縁食論』『歴史の屑拾い』『植物考』など多数）

第5章 焼肉とホルモンから見える日本近代史

鹿浜の「スタミナ苑」でミックスホルモンを焼く

ジンギスカン・三里塚闘争・御料牧場（上）

日本人はいつから羊を食べたのか

エンユウカイデジンギスカン。

この暗号めいた言葉の謎を解くために千葉県成田市三里塚《さんりづか》まで車を飛ばしてやってきた。成田空港が目と鼻の先にあることから、頭上をひっきりなしにジェット機が飛び交う。最初は、耳を塞ぎたくなるエンジンの轟音も、一時間もすれば気にならなくなるのだから人間の身体感覚は不思議なものだ。

園遊会とは春と秋の年二回。東京・赤坂の赤坂御苑で催される天皇・皇后主催の特別な「宴」である。招待されるのは総理大臣や日本に駐在する各国大使、各界で活躍する著名人など「選ばれし者」だ。そこで振る舞われる料理の数々は、天皇家の料理番と名高い宮内庁大膳課が取り仕切る。ある日、この園遊会に出席したという知人から、こんな話を聞いたのだった。

「園遊会というから寿司や天ぷらなど和食が出てくると思ったんですけど、秋の園遊会では毎年、ジンギスカンが振る舞われるんですよ。使用されるのは鍋の中央部分が兜のように盛り上がった独特の形をしたジンギスカン鍋。大膳課の料理人がその場で焼いたものを小皿で提供するんです。出席者は絢爛豪華な晴れ着をまとったまま、羊の焼肉の煙に包まれるんです。なんだか笑

成田空港近くにひっそりと佇む「緬羊会館」

えちゃって」

私はジンギスカンと聞いてハッとした。天皇家と寄せ場の関係はともかく、「労働者の食いもん」という文脈では、ジンギスカンと寄せ場は、ひとつの線でつながる。「西のホルモン、東のジンギスカン」。私は勝手にそう呼んでいる。ホルモンの話はいずれ、本連載でも書くとして、まずはジンギスカンの話から始めよう。ジンギスカンと寄せ場社会はどんな関係にあるのだろうか。

そもそも、干支のひとつとして知られる羊（未）は、日本最古の歴史書『古事記』に登場する。そう書くと、日本人にとって羊は歴史的にも馴染み深い動物のように思えるが、専門家に言わせれば干支に描かれた羊は実は「山羊《やぎ》」なのだ。羊と山羊は生物学上同じ種属で、そもそも見分けがつきにくい。干支は陰陽五行説に由来し、中国から伝来したものだが、中国で描かれている羊がそもそも山羊。つまり、中国人も、日本人も羊と山羊を勘違いしていたことになる。となると、日本人と羊の本格的な邂逅がいつなのか気になるところだ。調べてみると、それは今からおよそ一五〇年前。黒船来航によって江戸幕府が守り抜いてきた鎖国政策に終止符が打たれ、開国によって西洋文化が一気に国内に流入した明治初期にまでさかのぼる。

米国から初めて日本に羊が持ち込まれたのが一八七二年。当初の目的は食肉ではなく羊毛の原材料だった。転機となったのは一九一八年。天皇を国家元首とする大日本帝国が主導し、「緬羊《めんよう》百万頭計画」という国策が発布する。緬羊とは牧畜された羊の別称。当時、中国東北部（満州）の極東と呼ばれる極寒地域に進出していた日本にとって、麻よりも防寒に優れた羊毛は軍隊、警察、鉄道員の制服の素材として必需品だった。しかも、日露戦争後、日本は国際連盟を脱退。米英という主要な羊毛の輸入国を敵に回す結果となった日本にとって、国産羊毛の供給は急務だったのだ。

こうして羊の生育に適した雨の少ない全国の高地で、羊の牧畜が開始される。その後、日本は日清、日露戦争を経て、太平洋戦争へと突入。結論から言うと時の政府が目指した羊毛の増産計画は、終戦の年にあたる一九四五年の時点で、わずか一八万頭しか達成できず、目標の一〇〇万頭には遠くおよぶことはなかった。日本における羊の飼育頭数が九四万頭まで激増したのは戦後の一九五七年。しかし、その数年後に羊毛の輸入自由化が決定されると日本の牧羊は衰退の一途をたどる。

実はこの「緬羊百万頭計画」を指揮した人物こそ、時の内務卿だったかの大久保利通だ。大久保は、羊毛の供給と並行して、と畜された羊の食べ方の普及に努めた。羊毛のみならず羊肉をも消費させることで、農家の収入増加と早期の飼育頭数の倍増を画策したのだ。とくに食料に飢え、貧しかった農村部で羊肉は貴重なタンパク源として重宝された。しかし、文明開化を契機に日本人が牛や豚などの食肉文化に触れてからわずか数十年。当時の人々にとって、食用ではない老廃羊の放つ特有の臭いと噛んでも噛みきれない硬い肉質は、受け入れ難いものだったに違いない。戦争を知る世代のマトン（生後一年以上の羊肉）に対する「硬くて、臭い」というトラウマは、こうした戦中、戦後の記憶に由来する。

三里塚にひっそりと佇む名店

そんなトラウマを克服しようと、誰ともなく羊肉をニンニクや唐辛子の入った醤油ベースのタレに漬け込んで焼いて食べる知恵が生み出される。「中国東北部に展開していた帝国陸軍（関東軍）が雇った中国人コックが日本に伝えた」「現地に駐在していた日本人が、中国ではポピュラーな醤油ダレに漬け込んだ羊の焼肉・烤羊肉のレシピを教わり日本で普及した」など、その食べ方のルーツには諸説あるが、いずれも大陸の羊料理にヒントを得たのは間違いないようだ。時を同じくして、その食べ方が「成吉思汗《ジンギスカン》」と呼ばれるようになる。

こうした緬羊をめぐる歴史の中で、主に東日本の各地に、羊肉を食べる文化が、まるで飛び石のように残る。そして、その多くが林業、炭鉱、ダム建設など、山で働く労働者の貴重なタンパク源だった。これが寄せ場飯としてのジンギスカンの歴史だ。

私がはるばる車を飛ばして目指したのは、この地にある「元祖ジンギスカン」を謳う「緬羊会館」という名店だった。その店は成田空港近くの町道の脇に、看板も暖簾もあげずに、ひっそりと佇んでいた。そこは「成田の海の家」とも呼ばれている。年季の入った引き戸を開けると、そこに広がるのは砂場だった。そして、無造作にジンギスカン鍋が設置されたテーブルが五つほど置かれている。初めての人はギョッとするかもしれない。

台所で肉を切りながら、こっちを睨むように凝視するオヤジがいた。店を切り盛りする木村邦昭さん（79）だ。ただお世辞にも、愛想がいいとは言えない。頑固だが、ジンギスカンには人一倍、愛情がある。

「初めての人はびっくりするんだよ。砂の上でジンギスカンやるのって。けど、羊の脂が床に飛んでごらんよ。滑って危ないでしょ。砂だったら滑らないし、掃除をする手間も省ける。理にかなっているんですよ」

献立は「ジンギスカン（一一〇〇円）」と「白飯（二五〇円）」しかなく、潔い。現在はオーストラリアから輸入されたラム肉を使っている。自慢は平成になって以降、一切、値上げをしていないことだ。

早速、自慢のジンギスカンを頂くことにする。年季の入った鉄鍋を熱し、羊の背脂をしっかり焼く。あとはスライスされたラム肉を焼くだけだが、余計な脂のないラム肉は、ちょっとでも焼きすぎるとパサパサした食感になってちっとも旨くない。さっと肉の表面の色が変わる程度に焼き、すぐにひっくり返す。間髪入れずに自家製のタレにつけて頬張る。旨い。ここでビールをグビリとやったら、それだけで幸せである。

それにしても、羊肉はもちろんだが、この店の自家製ダレは本当に旨い。木村さんにたずねると、自家製のユズやレモンといった柑橘類など、およそ一五種類の材料を使って手作りするのだという。ジンギスカンのタレは、強烈に甘いものが多く、途中で食べ飽きてしまうが、このタレは柑橘類の酸味もあり、いくらでもラムが胃袋に収まってしまう。結局、昼から三人で四人前のラムをペロリと平らげ、さらに二人前を追加してしまった。朦々と煙にいぶされながら食べるジンギスカンの味は格別だ。
「このタレの味は、教えてくれって言う人もいるけど、絶対に教えないの。研究に、研究を重ねた味だもの。食材はすべてこの土地でとれたもの。柑橘類は庭でとれたものもある。お米ももちろん、地産地消ですよ」

天皇家の台所を支えた「御料牧場」

木村さんは、三里塚はジンギスカン発祥の地と言って譲らない。実は、一八七五年、ここ成田市三里塚は、日本で初めて羊毛の自給自足を目的とした「下総牧羊場」が開設された地なのだ。その後、一八八八年に同牧場は「宮内省下総御料《ごりょう》牧場」となり、一九六九年に栃木県那須へと移転するまでの間、天皇家の台所を支える食の要衝になる。

当時、この牧場では羊以外にも、馬、乳牛、鶏、豚などが飼育されていた。こうして、三里塚は天皇家と切っても切れない縁で結ばれることになるのだ。宮内庁が発行した『下総御料牧場史』には、こんな記録が残されている。

「一八七五年、ヨーロッパの王族専用牧場を模して、現在の千葉県成田市に開設した『宮内省下総御料牧場』で、皇室が着用する洋服の原材料となる羊毛を自給する目的で羊の飼育を始めた」（要約）

ジンギスカンに限らず、宮中で初めて羊肉が供された月日は分からない。ただ諸外国では羊肉を食べる国が多く、宗教上の制約を受けにくいことから、海外の要人を招いた晩餐会などで早くから羊料理が供されていたことは間違いない。

ちなみに園遊会でジンギスカンが振る舞われたのは戦後初めて園遊会が開催された一九五三年。現在、成田市にある三里塚御料牧場記念館には、御料牧場に行幸啓された昭和天皇・皇后の写真と共に、日本に駐在する各国の大使などを相手に、着物姿に襷掛けの女性がジンギスカンを振る舞っている写真が展示されている。当時は現在のようなジンギスカン鍋はなく、牛肉のステーキ同様、薄手の鉄板の上で羊肉を焼いて振る舞っていた。こうして、園遊会では今もジンギスカンが振る舞われるということだ。

緬羊会館のルーツも御料牧場の歴史と深い関わりがある。終戦後、この地域の人々は、御料牧場から払い下げを受けた羊を飼育し、刈り取った羊毛を東京の製糸会社に納め、毛糸やホームスパン（羊毛の生地）を交換するなどして、家計を支えたという。一九五四年、羊を飼育する農家が集まって遠山緬羊協会を発足させた。遠山とは三里塚にあった村の名称だ。

この遠山緬羊協会が目をつけたのが御料牧場で行われていた園遊会で出されるジンギスカンだった。そこで同協会がジンギスカン料理を提供するために建設したのが「緬羊会館」だった。成田市歴史郷土室の資料にはこう記されている。

「建物の建設は一部の現金出資者を除き、大部分が会員の勤労奉仕でした。奉仕一日＝三〇〇円〜五〇〇円＝一株と換算して出資金を集めました。焼肉料理がまだ珍しかった時代でもあり、ジンギスカン料理はあっという間に広まり、三里塚名物となりました」

一九六〇年代以降、三里塚街道には十数軒のジンギスカン料理の看板を掲げる店や旅館があり、ジンギスカン街道と呼ばれたそうだ。

ここで触れておかなければならないのが、ジンギスカン発祥の地は諸説あるという点だ。通常、ジンギスカンといえば真っ先に思い浮かべるのは北海道ではないだろうか。確かに北海道では明治時代から緬羊の飼育が行われていた。「緬羊百万頭計画」の中心となったのも、広大な開拓地を有していた北海道だった。

一方の成田は御料牧場があったことから、明治時代のかなり早い時期に羊肉を食べる習慣があったことはほぼ間違いない。おそらく、この時代に同時多発的に日本人は羊肉を食べ始めたのだろう。ただし、前出した通り、食肉文化に馴染みが薄かった日本人にとって、羊肉が食文化として定着するまでは時間を必要とした。ちなみに、ジンギスカンが北海道のソウルフードとして定着したのは、昭和四十年代以降だ。

一時は「ジンギスカン街道」の異名をとるほど栄えた三里塚だったが、高度経済成長期になると様相が一変する。一九六九年、町のシンボルだった御料牧場が、新東京国際空港（成田空港）建設のために移転することになるのだ。それに伴い、三里塚は空港建設反対を掲げる住民と過激派のデモ隊、それを阻止しようとする警察、機動隊が対峙する最前線と化す。あの有名な「三里塚闘争」の始まりである。そして、日本の近代化と国際化を象徴する闘争の波は、あの木村さんが暖簾を守る緬羊会館にも押し寄せてくるのだった。

ジンギスカン・三里塚闘争・御料牧場（下）

三里塚を開拓した満州からの引揚者

たちこめた雨雲の中から、突如、ボーイング787が機影を現し、轟音を響かせながら地上にその巨大な機体を滑り込ませた。私は、成田空港に着陸する旅客機を横目に眺めながら、空港で拾ったタクシーに揺られ、三里塚へと続く田舎道を走っていた。

「空港ができて、もう四〇年ですよ」

感慨深げにハンドルを握る白髪のタクシードライバーがつぶやく。

「この三里塚一帯はもともと御料牧場だったと言われていますが、それは平地の一部で、多くは手つかずの山林でした。払い下げになった土地に入植し、開拓したのは満州からの引揚者ですよ。うちの父親もその一人だったんです」

満蒙《まんもう》開拓移民団――。満州事変から太平洋戦争までの間、日本政府が国策として推進した旧満州を中心とした中国大陸への入植移民の総称である。実は私の父方の祖父もその一人で、父は満州生まれだ。日本がポツダム宣言を受諾し、敗戦を受け入れると、その大半はソ連兵によってシベリアへ強制抑留された。当時、大陸に渡った日本人は三二万人。そのうち無事に帰国できたの

「緬羊会館」のジンギスカン。足元は砂場

は一一万人だと伝えられている。日本政府は大陸から帰国した「引揚者」に対して、移住用の新たな土地を割り当てるが、いずれも荒廃した地方の非耕作地で、戦後の困窮した生活も相まって、各地の「引揚村」は過酷な状況にさらされる。

「このあたりは古くは室町時代から数百年の歴史がある『古村《こそん》』と呼ばれる集落があり、先祖代々の土地を守ってきました。古村は高低差のある丘陵地でも、人々の生活や稲作に不可欠な水が湧く低地に密集しました。しかし、戦後の入植者に与えられた土地の大半は、丘陵地の高地にある鬱蒼とした山林で、何より水が手に入りません。親父らは山林を切り開き、サツマイモを植えるなどして、飢えを凌いだと聞いています」

三里塚周辺の開墾は明治、大正時代から始まり、その結果「御料牧場」の前身となる下総牧羊場が一八七五年に開場する。その後、太平洋戦争後になって入植したのが満蒙開拓移民団の末裔ということになるのだが、その扱いは棄民同然だった。彼らは「新窮民」の蔑称で呼ばれ、その生活は過酷なものだった。一方、古村と呼ばれる歴史ある農村は、江戸時代に幕府の直轄を免れたこともあり、当時から血縁を重視する強固な村落共同体が形成された。その血脈は今なお健在だ。後述する成田空港建設に反対する住民運動を支えたのは、この「古村の地縁」だった。ただし、この農村独特の地縁主義は、戦後に入植してきた新窮民との間に決定的なヒエラルキーを生んだ。

当時の新窮民の生活を今に伝える書籍がある。佐藤文生著『はるかなる三里塚』によると三里塚周辺の暮らしは壮絶で、昼は古村の庄屋など有力者の下で農作業の手伝いをし、夜は月明かりの下、鍬一本で山林を耕したという。人々は炊飯の頻度を最小限にして少しでも開墾に時間を充てるため、四日分の米をまとめて松葉などで炊き、空気に触れて腐りやすい部分を削いで食べながら「オガミ」と呼ばれる電気や水道も通らない三角形の粗末な藁小屋で原始的な生活をしていたと伝える。地図を広げると三里塚周辺には「新田」「木の根」「水の上」という開拓を連想させる地名がいくつも目につく。

この話を聞いた時、私はハッとさせられた。本連載の前号でも書いた通り、この三里塚には一九六九年以前、天皇家の台所を支える「宮内庁下総御料牧場」があった。戦後、この御料牧場から払い下げされた羊を焼肉にして振る舞ったのがジンギスカンだ。三里塚に通じる街道（現・県道六二号線）には十数軒のジンギスカン料理を振る舞う店や旅館が軒を連ね、ジンギスカン街道と呼ばれた。そもそも、ジンギスカンのルーツは、羊肉をニンニクや唐辛子の入った醤油ベースのタレに漬け込んで焼く「烤羊肉」がルーツの一つだと言われている。この「烤羊肉」こそ、満州のある中国東北部の郷土食である。戦後のある時期、この三里塚に「ジンギスカン街道」と呼ばれたジンギスカンの町があったことと、その土地に暮らす農民のルーツが、満州からの引揚者であったことは、歴史の偶然なのだろうか。三里塚のジンギスカンの原型は、御料牧場で振る舞われていた焼肉がルーツだと言われている。

園遊会とジンギスカン

在りし日の御料牧場の姿を伝える資料館が三里塚の交差点近くにある。その場所は「三里塚記念公園」と呼ばれ、手入れの行き届いたマロニエの並木路を進んだその先に、洋風建築の古いモダンな家屋があった。玄関に「成田御料牧場記念館」とある。中に進むと日本の畜産・牧畜に関する膨大な資料が展示されていた。そもそも、日本人が羊を食べる発端となった「緬羊百万頭計画」を指揮した大久保利通が、いち早く欧米の畜産技術と、畜産と一体をなす獣医学を導入したことも明示されている。館内には当時、御料牧場で使われていた先進的な輸入農機具類が展示されていた。その一画に、あるものを見つけた。御料牧場で振る舞われていたジンギスカンを焼く長方形の鉄製の調理台だ。

御料牧場で羊肉の焼肉が振る舞われるようになったのは、戦後、昭和天皇の行幸がきっかけだったようだ。我が国、唯一の宮廷牧場には数多くの外国要人が訪れている。一九四九年、宮内庁の前身となる宮内府が、英国の代表部を招待して開いたのが園遊会だった。この時、鉄製のプレートの上で焼かれたのが羊肉だった。割烹着をまとった女性が羊肉を焼き、外国要人に振る舞う写真もある。

展示にはこれ以上の説明はないが、当時、首都東京からはるばるやってきた外国要人を何でもてなすか。天皇家の台所を預かる料理人は頭を悩ませたはずだ。宗教上の理由もあり、牛肉・豚肉は使えない。また、保存・流通がままならない時代、内陸に位置する三里塚では、海でとれた鮮魚を使うことはできない。そう考えると西洋人には馴れ親しみのある羊肉というのは実に都合がいいのだ。

しかし、羊肉を焼いて洋皿に盛り付け、ステーキとして出しても、そこに日本ならではの工夫は見られない。あくまで西洋の物真似である。ここから先は私の私見であるが、ヒントにしたのは「お狩場焼き」ではなかったか。お狩場とは鴨や山鳥などを鉄砲や網を使って獲る猟場のことで、そこでは、獲れたばかりの獲物を、野外で濛々と煙を立てながら炭火で焼いて食べたとされる。つまり、現代の「屋外バーベキュー」の野趣あふれるスタイルが、三里塚の農村の風情にピッタリだったのではないか。

しかし、問題はそもそも羊毛を採るための羊は個体が大きく、その肉質は滅法硬い上、独特の臭みがあったのだ。そこで、その臭みを取るためにニンニクや唐辛子などの香辛料をタレのベースになる醤油に加え、羊肉を漬け焼きにしたのではないだろうか。醤油の焦げる香りをまとった羊肉は、西洋では口にできない。これを屋外で頬張る羊の焼肉は園遊会の名物となる。そして、一九四九年以降、この園遊会は在京外交団の招待が恒例の行事となったそうだ。そして、今日も天皇・皇后の主催で行われる園遊会は、場所を赤坂御所に変えて行われている。変わらないのは、秋の園遊会では参加者にジンギスカンが振る舞われることだ。

実は、この園遊会で振る舞われるジンギスカンのタレを私は味わったことがある。詳細は書けないが、タレは醤油をベースに、酢、日本酒、ペッパー、シナモン、タバスコ、カレー粉など三

○種類もの調味料を混ぜ三年ねかせて完成される。その話だけでもジンギスカンに対する宮内庁大膳課の惜しみない熱意が伝わる。

一方、一九六九年を前後して、三里塚という地名の記号的な意味は全く異なるものになる。一九六九年より以前は、これまで書いてきた通り「御料牧場のあった土地」だ。しかし同年、御料牧場が栃木県高根沢町に移転。替わってこの地に新東京国際空港（現・成田国際空港）が建設されると、三里塚は空港建設に反対する農民と建設を強行しようとする国家権力とが対峙する闘争の最前線と化す。いわゆる「成田空港闘争」、別名「三里塚闘争」の始まりである。

この歴史を知るには成田空港を見下ろす高台にある「空と大地の歴史館」を訪ねるがいい。三里塚から車で一五分の場所にある。この歴史館は成田空港建設の歴史を後世に残す目的で、二〇一一年六月に開館した。中に入ると聞こえてきたのは、

「Ah! le joli mois de mai a Paris!

ああ、パリの美しき五月」

というフランス革命の時に歌われた革命歌だった。館内には、反対闘争に使用されたヘルメット（ゲバヘル）や火炎瓶などが展示されている。

作戦前夜——機動隊員の宴会

成田闘争の歴史の詳細について、ここで触れることはしないが、この土地を守るために声を上

げた農民の中には、先述した満蒙開拓移民団の末裔もいた。「新天地を目指せ」の合言葉のもと、満州国建設という国策に率先して参加。しかし、太平洋戦争での敗戦後、彼らを待ち受けていた人生は余りにも過酷なものだった。命からがら日本に帰国したものの、与えられた土地は手つかずの原野だった。その原野を開墾し、ようやく、この土地の民の一人になれたと安堵した矢先、空港建設のために土地を差し出せと再び、国策に翻弄される。この成田空港を見下ろす高台に立つと、そんな人々の歴史に思いを馳せざるをえなくなる。

あの冒頭のタクシーの運転手が口にした「空港ができてもう四〇年ですよ」という何気ない言葉には、こうした歴史への思いが込められていたのかもしれない。

ところで、あのジンギスカン街道に残された最後の一軒「緬羊会館」は、この三里塚闘争とどんな関わりがあるのか――。

実は「緬羊会館」からほど近い三里塚交差点の周辺では、空港建設に反対する中核派を主体とする極左過激派と警察機動隊が激しく衝突する事件が何回も勃発している。こうした過激派の取り締まりを担ったのが「千葉県警察成田空港警備隊」だ。実は緬羊会館は、この警備隊に所属する隊員らの間で、つとに知られた特別な飲食店なのだ。噂を聞きつけた新東京国際空港公団総裁が、新聞やテレビの記者と会食する現場に選ばれたこともある。その時は建物の周囲を私服警官と機動隊が、過激派による襲撃を警戒する中、ジンギスカンに舌鼓を打ったそうだ。

主人の木村邦昭さんは、今でも機動隊員らの食欲には驚くと笑う。

「一人で丼飯一〇杯。ジンギスカン一〇人分を食べるんですから驚きですよ。うちは、ジンギスカンと白飯しか置いてないからね」

忘れられない夜がある。それは五〇人余りの機動隊員らが店を貸し切りにして、宴会を開いた時のことだ。

「さんざんジンギスカンを焼いて、食べて、盛り上がった最後に、全員が立ち上がり、『エイ、エイ、オー』と気勢を上げたことがあったんです。それが終わると、隊長らしき人物が近寄ってきて、小声で『このことは誰にも言わないでください』って言うんですよ」

木村さんは首を傾げたが、翌日の朝、テレビをつけて驚いた。昨日、気勢を上げていた屈強な連中が画面の中にいたからだ。時は一九七七年五月。その日、機動隊は反対派が「岩山団結砦」とか「岩山団結小屋」と呼んでいたアジトを急襲したのだ。その団結小屋には、四〇〇〇メートルの滑走路を離発着する飛行機を阻害するため、高さ六〇メートルの巨大鉄塔が建てられていた。鉄塔には「われ敢然として開港を阻む」と書かれた看板が設置されていて、空港建設反対のシンボルとなっていた。この日、警察はこの大鉄塔二機を抜き打ちで撤去したのだった。木村さんは、あの口止めの意味をこの時、初めて悟ったと言う。

「あの気勢と口止めは、この日、この時のためだったんですね。テレビを見ながら、胸が熱くなりました」

かつて、三里塚で暮らす農民の貴重なタンパク源だったジンギスカンは、時代を経て、過激派と対峙する機動隊員らの寄せ場飯に変貌していた。緬羊会館は「成田の海の家」とも呼ばれている。何しろ客は、砂が敷き詰められた店内で、汗をかきながら、煙に巻かれながら、ジンギスカンを食べるからだ。この羊の匂いの染み込んだ砂には、成田空港、そして三里塚の歴史が染み込んでいるのだ。

本当に残念だが、この連載の掲載直後、「緬羊会館」はその歴史に終止符を打った。東京都内にジンギスカンを出すレストランは数あれど、もうあのような風情のある店はお目にかかることはない。

「食肉市場」とホルモン料理の深い関係（上）

一日に取り扱う食肉の量は日本一

早朝七時。ＪＲ品川駅に降り立つと、二つのあることに驚かされる。ひとつは、一日の乗降者数一〇〇万人を超えるという品川駅の圧倒的な人間の多さだ。コロナ禍によって在宅勤務も一般的になったが、それでも、朝の品川駅には近隣の会社へと出勤する人々が、まるで洪水のように大挙をなして押し寄せる。人と人とがぶつかり合うたびに放たれる熱気に圧倒され、気を抜くと立ちくらみを起こしてしまいそうになる。

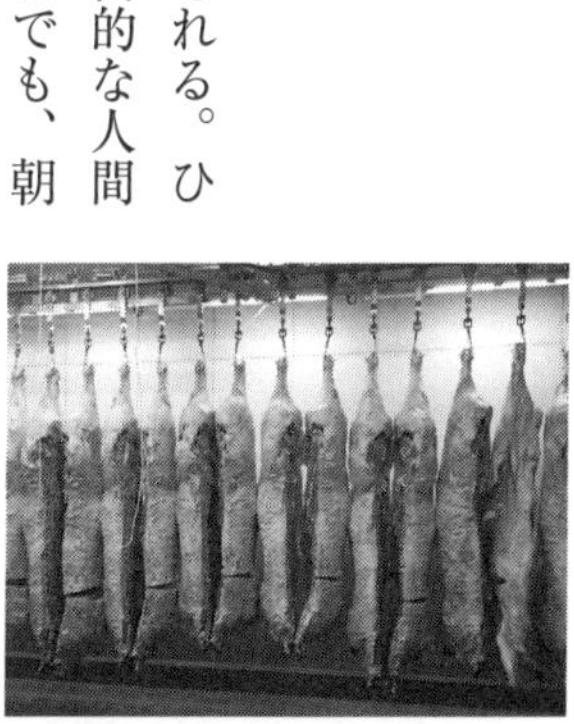
「食肉市場」で解体され吊られた牛肉

そして、もうひとつの光景とは、そんな駅の人混みの喧噪とは対照的に、近代高層ビルの壁にひっそりと守られるようにして佇む、「東京都中央卸売市場食肉市場《しょくにくしじょう》」の姿だ。通称「食肉市場」では、毎日およそ一二〇〇頭以上の牛や豚などが屠られ、私たちの胃袋に収まるべく、各部位ごとに解体され出荷されてゆく。しかし、品川という地名に、食肉という言葉を連想する人が、この東京に何人いるだろうか。

実際に歩いてみればわかるが、食肉市場は品川駅の東側「港南口」の目と鼻の先にある。この一帯が再開発されたのは二〇〇三年秋に開業した東海道新幹線品川駅の誕生がきっかけだった。

右手には近代的な高層ビル群へと続く、およそ二〇〇メートルのデッキが一直線に延びている。「品川インターシティ」。二〇〇三年、この地にあった旧国鉄の操車場跡地に開発された商業施設の名称だ。ホールやショップ、レストラン、そして、ソニーや大林組などの大企業が本社ビルを構えるオフィス棟が四棟連なる。かつて食肉市場は品川駅から目視で確認できた。ところが、この無機質な近代ビル群に遮られて、その姿は見えなくなってしまった。まるで、その市場を人々の目から遮るように。

港南口には、早朝からバス待ちをする人の列ができる。バスの標識を見ると、そのほとんどが湾岸エリアの化学工場や物流倉庫。そして、日本最大の青果市場として知られる大田市場行きだ。バス停に列を作っているのは肉体労働者だ。品川駅を闊歩する企業戦士とは全く別物だ。バスは朝日の方角に向かって、ロータリーから一直線に延びる道路を直進する。

食肉市場は、そのバス通りの途中にある。駅からものの数分の場所だ。しかし、ここが東京最大の食肉の屠畜《とちく》場だとは全く想像がつかない。何しろ、市場というにはあまりにも無機質な、まるで中学校の体育館をそのままビルにしたような形だからだ。入り口には確かに「東京都中央卸売市場食肉市場」と書かれている。

ここは東京に十一カ所ある中央卸売市場の中で、唯一、食肉を扱う市場だ。一日に取り扱う肉の量は全国一だという。

市場の機能は大きく分けて二つ。ひとつは、生きた牛や豚を解体し、枝肉《えだにく》と内臓に加工する「屠畜場」。その加工した肉を競りにかけ、仲卸業者を経て売買する「市場」。この二つの機能が、ひとつの場所に集約されているのだ。敷地面積は約六万四〇〇〇平方メートル。延べ床面積は約九万四〇〇〇平方メートルにも及ぶ。

私は数年前、この食肉市場の内部を取材したことがある。まるで自動車の組み立てラインとは逆の要領で、一頭の牛や豚が、枝肉、内臓、原皮などの部位に分けられて製品になってゆく過程を目撃した。そこで働く専門の職人の見事な技には目を奪われた。

屠畜の解体の工程は、生体受付のあと、銃撃室に運ばれ「打額《だがく》」される。牛の額の部分をハンマーや、専用の銃を使って打ち抜き気絶させ、まだ心臓が動いている間に、解体するのだ。無論、鮮度を保つための放血は重要だ。今でも忘れられないのが、打額の瞬間だ。まるで糸が切れたかのように、ドンッと牛の巨体が地面に沈む。その瞬間の何ともいえない気だるく、憂鬱な気持ちは今も胸に残っている。

吹き出した鮮血は、まさに緋色をしていて、たった今まで躍動していた生命を実感する。皮を剥ぎ、臓物を抜き取られ、頭部を地面に向ける格好で吊られた牛肉は、そのまま枝肉になる。

競りは、枝肉になった状態で行われる。一日に屠《ほふ》られる牛は、いったい何頭なのだろうか。東京食肉市場株式会社が発表している二〇二〇年十月十九日の「牛肉相場日報」を読む。生体として生きたまま市場に搬入されたのが、「和牛三三六頭、交雑八〇頭 合計四一六頭」。一方、屠畜されたのは「和牛二一一頭、交雑一三九頭、合計三五〇頭」だった。コロナ禍も手伝って、これらの数字は、最盛期に比べるとはるかに少ないという。

念のために記しておけば、和牛という名称は、日本在来の牛に、日本国外の品種の牛と交配して作られた品種群の総称で、具体的には「黒毛和種」「褐毛和種」「日本短角種」「無角和種」の四種類を指す。牛の種類に関係なく、日本で飼育された牛肉は「国産和牛」と総称される。また、「交雑種」とは、一般的には乳牛と食肉牛を掛け合わせたもので、別名「F1」種と呼ぶこともある。

日本人と食肉の歴史

人間が生きるうえで食肉は絶対に欠かすことができない。しかし、その解体の現場は、古くから人の目から遠ざけられてきた。実はこの品川の港南口そのものが、再開発以前は、あまり人が寄りつかなかった場所だった。

ここで日本の食肉の歴史と、品川の食肉市場のルーツを振り返ることにする。日本人と食肉の関わりは「日本書紀」の時代にまで遡る。同書には、時の雄略《ゆうりゃく》天皇（四五六〜四七九）が、細かく切った獣の内臓と肉を膾にして食べたという記録が残されている。当時、獣肉といえば鹿や猪。その内臓と肉を、酢で和えて生で食べたというのだ。いったいどんな味だったのだろうか。

しかし、こうした獣肉を食べる文化は、大陸より渡来した仏教の影響を受け、以後、一二〇〇年にわたって途絶えることになる。そのきっかけが、六七五年、天武天皇が出した「肉食禁止令」だ。この御触れによって、表だっては肉を食べる行為が禁止され、食肉は忌み嫌われる存在になってしまう。

再び、食肉文化が解禁されたのが、江戸時代末期。幕府による開国政策によって、日本人の食卓に西洋文化が流れ込む。西洋料理の主役は牛や豚。これらが横浜を中心とした外国人居留地で花開き、ハイカラな味を好む東京人の舌を魅了することになる。結果、長きにわたる肉食へのタブーも薄れ、一八七一年十二月、明治政府は肉食を解禁する決定を下す。こうして日本人の食卓に、食肉文化が再び、根付くことになる。

しかし、西洋料理の主役は、例えば、ステーキに代表される「精肉《せいにく》」。元来これらは高貴な身分の食べ物で、先進的な都市の洗練されたハレのご馳走だった。間もなく、西洋料理は料理人の手によって大衆化され、洋食というジャンルとして日本人の食文化のひとつとして定着することになる。

「精肉」と対になるのが「内臓」だ。屠畜場で解体、枝肉にされた精肉の、いわば副産物として廉価で取引されたのがホルモンの総称で知られる牛・豚の内臓だ。しかし、牛や豚の副産物は内臓だけとは限らない。食肉流通の世界では、原皮と呼ばれる「皮」以外、臓器、タンやテール、ハラミ（横隔膜）、足や頭、油脂、骨、極めつきは「血液」が「畜産副生物」として売買されている。

ちなみに、今ではすっかり定着した「ホルモン」だが、その語源は未だに諸説あり、はっきりしない。一番、有名なのが大阪弁で捨てるという意味の「放《ほう》るもん」が語源という説だ。また、動物体内の組織や器官の活動を調整する生理的物質の総称を「ホルモン」と呼び、それを食べると精力がつくと信じられてきたことから、その名前がついたという説もある。

このホルモン語源論争に終止符を打つ学説が、広まりつつある。最近の研究で、ホルモンという名前の料理は、少なくとも太平洋戦争以前からあり、当時はすっぽんなどスタミナ料理全般を言い表す言葉だったことが判明している。つまり、ホルモンの語源は、文明開化と共に伝播した西洋医学（ドイツ語）で、ホルモンは「放るもん」ではないというのだ。

話が横道に逸れてしまったが、ホルモンという食文化の歴史は、この百年の間のもので、決して古いものではないということだ。明治時代に発行された東京市の記録には、当時、東京には家畜を屠り、食肉へと加工する私営の「屠畜場」が三ノ輪（現・台東区）、大崎（現・品川区）、白金（現・港区）など六カ所に分散しながら存在していたと記されている。その中でも、内臓肉に特化して扱う専門業者が商売を始めるのが、明治の後期だという。しかし、明治八年、牛疫の流行により、豚や牛の不正取引が横行したため、屠畜場は警視庁が所管することになる。また、屠畜場は衛生面で深刻な問題を抱えていた。

牛や豚の解体の際の汚水は、その処理の過程で凄まじい悪臭が発生する。結果、地域住民からの苦情が相次いだ。そこで、東京市は東京湾を埋め立てて造成した芝浦に、公営の屠畜場を設置することを決定。一九三六年のことだ。そして、これが現在の食肉市場のルーツとなるのだ。

港南口に林立する「ホルモン屋」

そもそも、東海道の宿場町として栄えた品川は、明治維新後は新橋と横浜を結ぶ日本最初の鉄道建設に伴い、日本最初の鉄道駅「品川駅」が作られる。駅は町を東西に二分していて、現在、「高輪口」と呼ばれる西側が、俗に品川の表玄関と呼ばれる。駅の目の前を走る四車線道路の「第一京浜」の向こうに、品川プリンスホテルなどのホテル群が乱立する。品川駅には、東日本鉄道（ＪＲ東日本）、東海旅客鉄道（ＪＲ東海）、日本貨物鉄道（ＪＲ貨物）、京浜急行電鉄（京急）の四線が乗り入れ、巨大ターミナル駅を形成している。いつの時代も品川駅は東京の「玄関口」なのだ。日本各地から旅行客が往来し、今では羽田国際空港を経由し、巨大なスーツケースを引きずる外国人観光客の姿も多く見かける。

一方、食肉市場がある「港南口」は、再開発が完成した現在も、どこかうら寂しい雰囲気が漂っている。明治時代、港南口には、屠畜場以外にも、東京都の下水処理場や再生油工場・家畜飼育場などが作られた。広大な敷地には、人間の生活圏とヤード（鉄道の操車場）を隔てるように鉄道の引き込み線が入り込むことになる。

実は忘れられない光景がある。港南口の再開発が始まる前、食肉市場の近くの旧海岸通りの「高浜橋《たかはまばし》」という橋のたもとに、数軒のホルモン料理を出す店があった。

この高浜橋の下には芝南運河が流れていて、その岸辺にはびっしりとバラックが並んでいた。

その場所は、まさに芝浦汚水処理場の近くで、夏場に高浜橋のあたりを歩くと、ドブ臭いにおいが鼻を突いたことを覚えている。夜になると怪しいネオンを皓々と光らせるその店は、伊丹十三監督の映画「タンポポ」のロケ地であることを後になってから知った。

とにかくドブ臭い運河にせり出す格好で、いくつものバラックが建ち並んでいる光景は、異様ではあったがどこか懐かしかった。やがて、この高浜橋周辺にも再開発の波が押し寄せ、今から一五年ほど前に、この一帯のバラックは一掃されてしまう。そして、今は「高輪ゲートウェイ駅」という新駅が、この高浜橋から眺めることができる。

この頃だった。港南口にはホルモンを食べさせる店が林立していることを知ったのは。いわゆる焼き肉店ではなく、ホルモン屋というのが、この一帯の歴史を物語っていた。実は現在も、港南口から目と鼻の先に、ホルモン焼き店が密集する地域がある。そして、その場所はバラックではないものの、昭和の面影を現在に残す、やはり、どことなく異様で、それでいて懐かしい雰囲気を醸しているのだった。次回は、そんな港南口のホルモン料理の名店を紹介する。

「食肉市場」とホルモン料理の深い関係（下）

人間を惹き付ける「横丁」の引力

横丁には人間を惹き付ける不思議な引力がある。きらびやかな繁華街とは正反対の薄暗い横丁に夜のとばりが降りる頃、青、赤、黄色の怪しげなネオンが浮かび上がる。暖簾の向こうには湯気。客入りを前に店主が真剣な表情で仕込みに追われている。お天道様が高い間、息を潜めていた横丁が息を吹き返す時刻だ。横丁といえば赤提灯とホッピー。そして、ホルモン焼きだ。人間の胃袋を鷲づかみにする臓物の焼ける煙は、乾いた風に乗って表通りへと流れてゆく。これが実に効果的な撒き餌になる。脂が焦げる強烈な匂いに誘われて続々と人がとび込んでくる。

品川駅そばの横丁。「みかさ」「マーちゃん」のネオン

横丁の人の出入りは、潮の満ち引きにも似ていて面白い。終電間近になると至福の時間を堪能した人々が、赤ら顔で気持ち良さそうにもと来た道を戻る。コロナ禍ということも手伝って、人が横丁から引ける時間帯も随分、早くなった。午前零時を待たずに暖簾を仕舞う店が圧倒的だ。千鳥足のサラリーマンが家路を急ぐ。人間の動物としての帰巣本能はいつの時代も変わらない。

品川駅港南口の目と鼻の先にも名物横丁がある。初めて来た人は、お目当ての場所の在処に見当がつかないだろう。それもそのはずだ。元々、横丁をぐるりと取り囲むように、再開発のあおりを受けビルが建ったからだ。囲障となったビルに遮られて、表通りからその横丁の様子を眺めることができない。この横丁に立ち入るには、大人一人がようやく行き来できる幅の狭隘な路地を抜けなければならない。目を凝らさないと見落としてしまう別世界への扉は、商店街を入ってすぐの立ち食いそば屋の脇にぽっかりと口を開けている。

横丁の正式名称は「品川駅港南商店街」。住所でいうと「港南二丁目」。しかし、この場所を「商店街」と呼ぶ人は誰もいない。多くの人は「港南の路地裏」だったり「ホルモン横丁」など適当な名前をつけている。そもそも横丁の定義そのものが曖昧だ。「表通りと裏通りを結ぶ通りを横丁。横丁から入る細い道を路地と呼ぶ」と、その歴史と文化に詳しい社会デザイン研究者の三浦展氏は説明する。

足を踏み入れて驚くのは、飲食店が個人の住宅の隙間を縫うように連なっていることだ。昭和の面影を残す瓦屋根の住宅は今も健在で、表札も掲げられている。十数軒ある住宅の多くが二階建て。すりガラスの向こうからは、テレビの音が漏れている家もあり、そこに暮らしの息づかいがある。壁一つ隔てて住人の生活感が充満する横丁。薄暗い路地は蛇行していて、そこに焼鳥屋、ホルモン屋、焼肉屋、酒場がひしめいている。この一画だけ昭和の時代から時計が止まっているようだ。

この路地裏に、その名も「路地裏」という店がある。時計を見ると午後六時。ホッピーと書かれた提灯がぶらさがる玄関をくぐると、カウンターに数人のサラリーマンが陣取りビールをあおっていた。この店の評判は近くの外資系企業に勤める友人から聞いた。この店はれっきとした居酒屋だが、この界隈では昼飯処として知られているようだ。お目当ては「激辛牛すじ煮込み定食」。友人がその旨さをこう教えてくれた。

「この店の牛すじは他の店に比べると大きいんだ。じっくり煮込まれた消しゴム大の塊がゴロン、ゴロンと入っていて、口に入れるとゼラチン質の部分からジュワーと旨みが溢れてきてたまらないんだ」

早速、この煮込みを注文する。確かにこの店のそれは、牛すじの煮込みというよりも牛すじの和風シチューと呼んだ方がいい。巨大な寸胴で多い日には八〇キロもの牛すじを仕込むという。もちろん、これらは歩いて五分の食肉市場から仕入れる。鮮度は抜群だ。激辛と書いてあるが、汗が噴き出すほど辛くはない。醤油ベースの煮込みなので、これが滅法、御飯を呼ぶ。その友人は、一通り、煮込みを食べ終えると、御飯をおかわりした上で生卵を注文するのだという。

「牛すじの旨みを含んだ煮汁に、生卵をぶち込んで、御飯にかけて食べるんです。これがたまらなくおいしいんです。唐辛子の辛さも後を引きます。胃袋を直撃する旨さは、品川のサラリーマンなら誰でも知っています」

確かに、この汁かけ卵飯は反則だ。いくらでも、御飯が進んでしまうに違いない。夜はこれをアテにしてホッピーを飲むのだが、天盛りになった刻み葱が良い仕事をしている。この店はこの品川がまだ原っぱだった頃から営業しているそうだ。今では品川以外に、五反田にも支店がある。日替わり定食に登場する牛すじカレーも一押しの逸品だ。

新鮮で清々しい臓物料理の数々

「路地裏」の牛すじ煮込みを食べた後は、そのお隣の店の暖簾を潜ろう。その名前を「みかさ」という。ホルモン料理通の世界では、つとに知られた店だ。一階はカウンターが数席。中年男性が一人で店を切り盛りしている。厨房の脇に二階の座敷へと続く急階段がある。手をついて這いつくばって二階にたどり着くと、八畳ほどの座敷がお目見えする。あぐらをかいて座り、やおら改めて店内を見渡す。どこか親戚の家にやってきたような安堵感のある店内の壁には、名物の臓物料理がずらりと張り出されていた。

この店で絶対に食べたいものが「煮込み」だ。「路地裏」のそれは「牛すじ」だが、ここは「白モツ」だ。白モツは新鮮な豚の大腸で、しっかり水洗いをした後に、ボイルしてから大根や人参などの根菜と煮込むそうだ。モツは柔らかく、臓物特有のクセは全く感じられない。好きな人はこれを、一人ひとつ頼むという。

実はかつて「みかさ」は、内臓の刺身で有名だった。とくに生レバー刺身は都内でも群を抜く旨さだった。食肉市場に出入りする業者から、直に運ばれてくるレバーの塊は入荷の時点で、まだじんわりと生温かったという。

飲食店で生レバーが提供できなくなって約一〇年が過ぎた。二〇一一年四月。富山、神奈川、石川、福井で発生した集団食中毒事件、通称「ユッケ集団食中毒事件」がそのきっかけだった。

この時、四県にまたがり延べ一八一人が食中毒を引き起こし、二四人が重症、五人が死亡した。食中毒の原因は「腸管出血性大腸菌（Ｏ１１１）」だった。この事件は東日本大震災の被災の真っ只中で発生した。この時にやり玉にあがったのが牛のレバーだった。事実、レバ刺し用に加工された牛レバーから、同菌が検出された。菌は牛レバーを切った包丁を介してユッケ用の生肉に付着。これに触ったり、食べるなどした従業員や客の間で感染が広まった。この事件の翌年、食の安全を守る「食品衛生法」の改正によって、レバーの生食が禁止されたのだ。この事件は二〇〇〇年初頭に発生した「ＢＳＥ（牛海綿状脳症）」と並んで、日本人の食肉文化に大きな影響を与えた。

以来、生レバーを提供する店はパタリとなくなった。「みかさ」もその一つで、お品書きからその名前は消えた。現在は「レアステーキ」「焼レバー」として火を通した状態で提供されている。驚くのはレバーの弾力と、やはり、鮮度が物をいうクセのない味わいだ。レバーは火を通すとモソモソとした食感でおいしくないが、表面をさっと炙る要領で調理されたそれは、刺身とはまた別の逸品となる。この他にも「みかさ」には旨いつまみが目白押しだ。シロのニンニク、牛ギアラ炒、牛はらみ炒などの炒めものが絶品だ。あれこれ食べても胸焼けが一切しない。臓物がこんなに清々しい食べ物だと知ったのは、この店が初めてかもしれない。これだけの仕事をした料理の数々が、この値段でいいのかとこちらが心配になるほど安い。肉好きなら二階の座敷を借り切って臓物宴会と洒落込んでもいいだろう。

人工的なビルと「野生」の鼓動

最後は「マーちゃん」の焼きとんで〆るとしよう。「もつ焼」と染め抜かれた暖簾の先は、正統な大衆酒場だ。店のつくりは「みかさ」と同じで、一階はカウンター、二階は座敷となっている。店内はいつ行っても会社帰りのサラリーマンで満杯。壁にびっしりと張り出された短冊のメニューは、いずれも三〇〇円から、高くても五〇〇円前後。もつ焼き、串焼きは一串一二〇円だ。

とりあえず名物のもつ焼きを注文する。

「カシラ、シロ、レバ。いずれもタレでちょうだい」

初めてであれば、この三本をお薦めする。味わいと食感がどれも違い、その店の個性を知ることができるからだ。串が焼き上がる前にもつ煮込みを味わう。この店のもつ煮込みは白モツといっしょに、じゃがいもが煮込まれている。ホクホクとしたじゃがいもと、フルフルの白モツの相性がいい。煮汁が澄んでいて、最後まで飲み干してしまう。煮込みも店の数だけ特徴があって食べ比べるのも面白い。

さて、もつ焼きが運ばれてきた。まずは、カシラから食べる。カシラとは豚の「つらみ（こめかみから頬にかけた部位）」のことで、噛み応えがある。塩の塩梅がちょうどいい。すかさず生ビールをごくりとやる。タレで焼かれた「シロ」は豚の大腸。独特の食感がクセになる。そして、「レバ」。豚のレバーは、焼き手の技術が問われる。マーちゃんのタレは、甘からず辛からずで、臓物の旨さにピタリと寄り添っている。食べている間も次から次にお客さんが入ってくる。隣のテーブルの客は、店の名物の巨大な徳利で日本酒をやっている。そんな風景を眺めながら、もつ焼きを堪能する。

さて、ここらで今日は店仕舞いしよう。ビールと煮込み、串焼きで一〇〇〇円ちょっと。まさにセンベロだ。今回、紹介した三軒以外にも、この横丁には安くて、旨い、ホルモン料理店が他に数軒ある。何軒かはしごをすると、思いのほか深い時間になっているものだ。それでも駅から徒歩五分の距離なので安心だ。お勘定をして家路につこう。狭隘の路地を抜け、商店街の表通りを経て、真っ正面に品川駅を見上げる。

品川駅港南口は「見下ろす」か「見上げる」かで街の印象が全く異なる。改札を抜け、港南口から街を一望する。今では商店街のネオンが真っ先に目に飛び込んでくる。しかし、駅が新しくなる以前の風景は、どことなく寂しくひっそりとしていた。今でも夜間は稼働していない食肉市場のあたりだけは、ぽっかりと暗闇に包まれている。

一方、商店街側から品川駅を見上げる感覚は、洞窟の中の薄暗い世界から目映い光に包まれた世界に踏み出すような感覚だった。駅ビルへとつながる階段。そして、その背景に林立する高層ビル。目映い光のホームに滑り込む新幹線の真新しい車両。そこはまさに別世界だ。窮屈な横丁から表通りに出た時、背伸びをしたくなるような開放感に見舞われる。そして、近代的な駅のホームへと続く階段を上る時、後ろ背に港南の夜の街の鼓動が聞こえるような気がする。その正体は、無機質で人工的、近代的なビルとは真逆の「野生」だ。一日に何百頭もの牛や豚が屠畜される食肉市場のある街「港南」の息づかいだ。

今、品川は隣駅として誕生した「高輪ゲートウェイ」との間で、大規模な再開発が進んでいる。広大なヤード跡には商業施設などが誕生するのだろう。いつの時代も品川は、東京という都市の玄関口として変化をし続けている。

「焼肉の郷」に秘められた近代史の謎

ダムと焼肉と徴用工の謎

日本の屋根と呼ばれるアルプスの山々にはまだ夏の残り香が感じられた。中央アルプスと南アルプスに囲まれた長野県飯田市《いいだし》。この町は人口一万人あたりの焼肉店の数が、焼肉のメッカである大阪・鶴橋《つるはし》を抑えて全国一位。つまり、ここは「日本一の焼肉の郷《さと》」ということになる。

なぜ、この山間部が「焼肉の郷」になったのか。そのルーツを探ると、かつてこの地方に建設された揚水発電ダムの存在があった。戦前、戦中と朝鮮半島から徴用された人々が、唐辛子のきいたタレにつけて食べる焼肉の習慣をこの土地に持ち込んだのだ。ダムと焼肉と徴用工。その謎を解くべく東京から車で四時間。長野県の南端「南信《なんしん》」にある飯田市を目指した。

まず、暖簾をくぐったのは飯田駅近くで営業する「徳山《とくやま》」という焼肉の老舗だ。つややかに燻された暖簾がこの店の歴史を物語っている。今年で創業七〇年。飯田焼肉発祥の店として地元では知らぬ者はいない。かつては正午から夜まで通し営業だったが、今は昼と夜の二部制だ。コロナの影響もあるのだろう。この日は平日だったが正午にはすでに四〇席ある店内は八割満員だった。東京の西麻布や六本木にあるギラギラとしたよそ行きの高級店ではない。店は普段着の地元

飯田焼肉発祥の店として知られる「徳山」

客ばかりだった。上司風の初老の男性が三人の若人を引き連れて鉄板を囲んでいた。近くにある飯田市役所の土木課に勤める面々だという。奥は年配の団体客。どうやら河川の草むしりが終わって、その打ち上げのようだ。徳山には昔ながらの長テーブルがあって、客同士が肩を寄せ合って靴を脱いで座る。壁に書かれたお品書きを見て、驚いた。安いのなんの。ほとんどのお品書きが八〇〇円程度だ。店内には絶え間なく注文の声が飛び交う。

「牛モツと豚モツを五人前ね。あとレバーも三人前」

「こっちはマトン。サガリとハラミも追加」

創業一九五一年の徳山のお品書きは「豚モツ」「牛モツ」から始まった。東京で「モツ」と言えば「シマチョウ」「ミノ」「マルチョウ」「コブクロ」など部位ごとに注文するのがセオリーだ。しかし、ここでは「豚モツ」と言えば、徹底的に下処理が施された豚の臓物の各部位が、一つの皿にごちゃ混ぜになって登場する。牛モツもしかりだ。

徳山の味は三代目の徳山忠夫さん（76）によって守られている。

「徳山の味のルーツは朝鮮半島なんです。私の父は日本の植民地だった頃の朝鮮で生まれました。そして、昭和十五年に日本に渡り、三河と信州を結ぶ三信鉄道（現・JR飯田線）の建設工事に従事した後、この店を開いたのです」

肉は飯田の、と畜場から仕入れた。しかし、ロースやカルビなどの上等な部位はすべて県外に出荷される。手に入るのはモツとハラミ、サガリなどの副産物。当時の日本人は、臓物は「臭い」と言って目もくれなかった。そこで発明されたのが徳山のタレだ。地元の人も、このタレを自慢する。

「鮮度がいいのはもちろんだけど、やっぱりタレだよね。白飯に抜群に合う。途中でタレに唐辛子と酢を入れると、これまた猛烈に酒を呼ぶんだよな」

早速、地元の人を横目で真似る。注文は「豚モツ」と「牛モツ」をそれぞれ二人前。肉が到着するまでの間、創業当時から使い続けているという鉄板に見入ってしまった。ここでは肉は網ではなく縁のある鉄板で焼く。まるで稲光するような黒々とした鉄板を見ているだけで、涎が止まらない。

早速、モツが運ばれてきた。ここではチビチビ肉を焼くことは許されない。皿の上のモツを、そのまま豪快に鉄板の上へ。動かさずにじっくり火を通し、モツの端っこがチリチリと、旨そうな焼き色をつけたら、片っ端から口に放り込むのだ。ジュワーとほとばしる甘い脂がたまらない。

飯田焼肉の名物ジンギスカンの歴史

そして、徳山に限らず、飯田焼肉のもうひとつの名物が「ジンギスカン」だ。そもそも飯田では肉と言えば「羊」を指す。

その歴史は戦前にまでさかのぼる。「緬羊百万頭計画」。明治維新後、欧米文化の流入と共に羊毛の需要が急拡大。時の政府は「緬羊」の飼育を各地で奨励する。そして、第一次世界大戦勃発で欧州からの羊毛の輸入が途絶えると、日本は羊毛の国内生産を急拡大させる同計画を国策として打ち立てた。大陸という極寒地で戦をするには、羊毛製の軍服が必需品だったのだ。この時、全国で緬羊の飼育が奨励されるが、その一つに選ばれたのが飯田市を含む「遠山郷」という一帯だった。この国策は太平洋戦争直前まで続く。その結果、羊毛を採取後の羊肉を安く引き取り、売買する業者が現れる。

しかし、親羊の身質は極端に硬く独特の臭味が日本人の口にはなじまなかった。そこで、唐辛子とニンニクを入れた醤油ベースのタレに漬け込んで、それから焼くという、いわゆる「ジンギスカン風」の料理が全国の羊の放牧地で、同時多発的に発明されたのだ。遠山のそれも同じ歴史の一部だ。

早速、マトンを焼く。脂身が少ない赤身肉なので、さっと焼いてタレに漬けて食べる。これはいい。白飯も酒もすすむこと請け合いだ。さっぱりしているから、胃にもたれない。徳山の場合、肉以外は「漬物」「わかめスープ」「白飯」のみと潔い。徳山は飯田市に五三軒ほどある焼肉店の最古参だが、徳山さんと同じように朝鮮半島にルーツを持つ人々が、この地域にはいた。その直接的な理由が長野県下伊那郡《しもいなぐん》天龍村《てんりゅうむら》にある「平岡ダム」と呼ばれるダムの存在だ。

徳山のある飯田市から車で一時間。伊那谷と呼ばれる深い渓谷を進む。急峻な山々の縁に沿って、車は右へ、左へ、蛇行しながらそろそろと進む。やがて谷底にエメラルドグリーンの水面をたたえる天竜川がお目見えした。川の両岸には広葉樹の森。紅葉の季節には水面に燃える山々が映り、息を呑む美しさだろう。古くから天竜川は「暴れ天竜」と呼ばれていた。あの八ヶ岳に水源を発し、長野県、愛知県、静岡県の三県を流れ太平洋に注ぐ。この一級河川をせき止めるダムは複数あるが、そのひとつが「平岡ダム」だ。現在は中部電力が管轄している。

ダムの堰堤を望む一角に石碑を見つけた。そこには漢字で「在日殉難中国烈士永垂不朽」と刻まれている。郷土の歴史を紐解くと、これは戦時中、平岡ダムの建設の強制労働で亡くなった中国人の霊を慰めるために一九六四年に建てられたものだそうだ。ダム建設が始まったのは一九三八年。まさに日本は太平洋戦争へと向かうとば口だ。この石碑が建立された年の新聞に経緯がこう記されている。

〈平岡ダムは国策で1938年に着工され、51年に完成した。建設には3000人以上の外国人が強制的に労働させられ、飢えや病気、不慮の事故などにより中国人だけでも62人余の命が失われた〉

なぜ大都市から遠く離れた天竜川の上流に強制労働させてまでダムが必要だったのか。実は平岡ダムは治水ではなく揚水発電が目的なのだ。太平洋戦争開戦を目前に控え、その目的は軍需工場が集中していた名古屋方面に大量の電力を供給することだった。つまり、戦争遂行のための軍部の要請に応えるために着工したのだ。事業主は「日本発送電株式会社」。工事は熊谷組が請け負った。

一九八六年発刊の『日本のダム開発天竜川流域にみる』という書籍に、当時の過酷なダム建設の実態が記録されている。無論、重機も何もない時代だ。徴兵によって天龍村の若者は出征を余儀なくされ、ダム建設に従事させられたのは、前出の新聞記事にもあった「外国人」だった。こんな一文がある。

〈現在では、機械力を駆使するところだが、当時は人力とツルハシでそれを賄った。その人力とは、初期の頃は朝鮮人のことだ〉

終戦直後、一九四六年に長野県知事が厚生省に提出した報告書に「一九二一人」がダム建設に関わったと記されている。その多くが中国人と朝鮮人だった。その労働環境は過酷で、とくに「飯場」と呼ばれる宿舎は丸太に杉皮や杉板を打ち付けただけのガラス窓ひとつない粗末なものだったと伝わる。配給は粗雑なパンが一日三個。米ぬかにふすまを混ぜて作ったものだったので、飯場と作業現場までの道端の草とか木の葉は、歩きながら労働者が食べ、木が裸になり、道端の草がなくなったという逸話が残されている。

「山仕事」の肉体労働者たち

実は徳山の初代も、同時期に朝鮮半島から移住してきた。そして戦後、初代はその焼肉の味付けを惜しみなく同胞に伝授し、戦争で職を失った人々が、挙って、この土地で焼肉屋を始めたというのだ。

そんな朝鮮ルーツの味を愛したのが、国鉄工事や林業に従事する「山仕事」の肉体労働者だった。過酷な山仕事の唯一の楽しみは食事。中でも飯田では焼肉は日常の食べ物で、まさに山仕事の労働者にとっての寄せ場飯だったのだ。

村の古老に話を聞くと、ベテランの従事者は焼肉を食べるにも、店に行くのではなく、タレに漬け込んだ肉を調達し山に入り、飯時になるとやおら味が染みこんだ肉を焼き始める。その時、肉を焼く鉄板の代わりにしたのが、なんと山道に設置されたガードレールだったという。彼らであれば道具を使ってバラすのもお手の物らしい。

遠山郷にある精肉店「肉のスズキヤ」には「遠山ジンギス」という味付け肉が売られている。やはり、この店の先代が朝鮮の人から教わったタレ揉みの焼肉をパックにして販売。その名前の通り、肉は地域の名物であるマトンだ。今では飯田市全域で愛される大ヒット商品になっている。肉のスズキヤの二代目主人・鈴木理《まさし》さんは、「飯田地方はそもそも海から遠く離れた山里だったので、昔から猪や鹿、熊などの山肉が貴重なタンパク源だった」と話す。

「山肉は獲れた場所によって味が異なる。そのためこの地域の人々は良質な肉を見極める確かな舌を持っていたのだと思います」

それにしても、驚くのが地元の人の焼肉愛だ。週末になると公園や河川敷など、町の至る所で焼肉に興じる人々にぶつかる。そればかりではない。市街地には精肉店、焼肉店がひしめき、山間部には南信州牛や銘柄豚を育む県内屈指の畜産地帯が広がっている。

極め付きは電話一本で、近くの精肉店から食材となる肉、野菜、そしてLPガスのボンベと鉄板などを出前してくれるのだ。これさえあれば、いつでも、どこでも焼肉に興じることができる。地元高校では夏の文化祭の打ち上げは、生徒と教師が校庭で焼肉をするのが恒例なのだそうだ。時間と場所さえ決まれば、手ぶらで焼肉が楽しめるこの出前サービスは飯田では常識なのだという。徳山歴四〇年という常連にこんな逸話を教わった。

「少ない人でも月に二回、三回は当たり前。会合の多い職種の人は週に三回、焼肉もざらです。そして飯田では、飲んだ最後の〆は、ラーメンではなく焼肉という伝統があります」

人が集まれば老いも若きも焼肉。人生の節目を彩る家族のハレの日も、そして、職場の歓送迎会や飲み会などケの日も。飯田の人々はせっせと肉を食べる。しかも、豚、牛、羊、内臓と食べる部位も多種多様。ここが日本一の焼肉の郷であることも納得だ。肉の焼ける芳ばしい臭いが谷を渡る風に乗って山を駆ける。ダム建設と林業の従事者によって育まれた山の寄せ場飯は、知られざる日本史そのものだった。

コリアンタウン「三河島」で焼肉を食べる

東京が直面した「矛盾」

ＪＲ三河島《みかわしま》駅に初めて降り立った日がいつなのか、私は記憶が定かではない。二十年以上前だったような気がする。今では駅のホームからは東京の下町の空を塞ぐ巨大なスカイツリーがそそり立つのが見えるが、当時はまだ高層マンションすら視界に入らなかった。ただ一つ、覚えているのは構内の標識にハングル文字が書かれていたことだ。今でこそ駅の多言語表示は当たり前だが、当時としては大変、珍しかった。駅周辺に焼肉店や韓国料理の食材を扱う市場があったが、まさか三河島が東京有数のコリアンタウンであるとは全く気がつかなかった。

三河島のある荒川区は、東京都の北部に位置し、台東区、北区、隅田川を挟んで足立区に隣接している。そもそも、三河島という名前は、かつて、現在の町屋、南千住、三ノ輪、日暮里《にっぽり》の一部の総称だった「三河島村」に由来する。一九三二年、同村は東京市に編入され「荒川区」となり、その後、三河島という名前はＪＲ常磐線の「三河島」、京成電鉄の「新三河島」という駅名としてのみ、その名前を今に留めている。ちなみに、この二つの駅にまたがる地域の現在の正式名称は「西日暮里一丁目」だ。

三河島駅そばにある老舗韓国食品店「丸萬商店」

なぜ、三河島、そして荒川区にコリアンタウンが誕生したのだろうか。その歴史に触れる前に、この東京の郊外に位置する三河島が、いつの時代も、ある意味で「都市化の犠牲」となった地域であることを認識しなければ、本当の意味で、この土地に根付いた食文化を理解することは難しい。

明治初期にまで時代を巻き戻す。当時、この地域には「千住製絨所」「大日本紡績（現・ユニチカ）」「鐘淵紡績（現・カネボウ）」などの巨大な官営工場群が林立した。特に一八七九年に開業した千住製絨所は、日本初の毛織物工場として、陸海空・警視庁用の軍服、制服生地を製造。その後の日本の繊維、衣服産業を牽引した。当時、新政府の号令のもと、全国各地で国産羊毛を取るための綿羊の飼育が始まった。羊毛を刈り取った後の肉を、何らかの方法で食用にできないか。そこで日本各地で同時多発的に始まったのが、醤油ベースのタレに羊肉を漬け込んで焼いた焼肉、そうジンギスカンの原型だということは本連載でも紹介した。

なぜ明治新政府はこの地域に白羽の矢を立てたのだろうか。それは、現在のような陸上交通の整備がなされる以前、隅田川など河川の水運を利用できることが、この規模の工場を誘致するためには絶対条件だったからだ。また、水運だけではなく、工場の動力源の確保や、工場用水の排水には河川は不可欠だ。そもそも、この一帯は暴れ川として名高い荒川と隅田川に近く、大雨の度に水害にさらされる低湿地帯だった。つまり、土地そのものが田畑には不向きで、だからこそ、工場用地としての取得が容易だったとも言われている。

こうした工場群の近くには、全国から集められた工場労働者が暮らす長屋がひしめいた。銭湯や酒屋などの商店、飯屋や酒場などが次々と開店した。日清・日露戦争、日中戦争と戦争特需の恩恵を受ける一方、太平洋戦争時には軍需工場群となった同地域は空襲の標的にもなる。終戦後、大陸からの引揚者も加わり、同地域には炭鉱町で見かけるハーモニカ長屋と呼ばれるトタン屋根の住宅群が誕生し、芋の子を洗うように児童の姿があったと、地元の古老が教えてくれた。

実はこの工場労働者の中には、中国人や朝鮮人も含まれていて、朝鮮人が暮らすバラックは「チョーセンアパート」と呼ばれていたそうだ。

しかし、戦後、この一帯は生活困窮者の巣窟となった。当時の新聞を読み返すと「スラム」という蔑称が紙面に躍る。三河島は終戦後の日本の高度経済成長、そして、東京という都市の近代化を支えた日雇い労働者が暮らす「山谷地区」と隣接している。しかし、三河島は、山谷のように全国から仕事を求めてやってきた人々が暮らすドヤは見当たらない。街の主役は高度経済成長以前に住み着いた人々だった。工場労働と並んで、この地域の産業として根付いたのが「皮革産業」と「食肉産業」だ。一九五五年に発刊された『新修 荒川区史』には、町の古老からの聞き取り調査に基づいて、次のような記載がある。（引用部原文ママ）

「明治二十三年頃、今の尾久発電所付近に、屠殺場一、皮革工場一、肥料工場一、油脂工場一で地域社会をつくっていたことが、今日の皮革工場地域の草分けとなっている」

そもそも日本における近代屠場《とじょう》の始まりは、幕末、日本にやってきた西洋列強の外国人のために、外国人居留区の中で始まった。明治時代に入り、屠場の整備に伴って普及した食肉文化は、当初「牛鍋」として広がった。当時、東京では芝白金（白金）と三河島と隣接する千住に屠場があり、その後、三ノ輪、三河島をはじめ、東京の広範囲に屠場が誕生することになる。屠場の開場には、広大な敷地と排水設備として河川の近くであることが自然条件で、やはり三河島は最適な場所だったのだ。

しかし、西洋列強に負けない近代都市を目指す東京は、ある矛盾を孕んだ課題に直面していた。人口増加に伴う「衛生観念」の徹底だった。とくに危惧されていたのが、コレラなど伝染病の蔓延だった。そこで新政府は「衛生」「清潔」を柱とする都市計画を制定する。これを指揮したのは、内務省直属の衛生局で、ときに警察権力をも利用し、強権的な指導力を発揮した。その結果、街の「機能分離」という名目で、東京の近代化にふさわしくない諸施設の郊外移転が実施されてゆく。その対象となったのが、屠場の他に監獄、遊郭、火葬場、魚河岸など魚市場だった。

この時、その移転の対象となった多くの施設が、現在の荒川区には集約されている。例えば、町屋には火葬場、三河島には下水処理場である「東京三河島汚水処分場」、荒川を挟んだ対岸の小菅には監獄、そして、カバンや靴を製造する皮革産業。現在は廃品回収業者と呼ばれ、市中のゴミ（廃棄物）から紙・クズ・金属などの有価物を取り出す「紙屑屋（通称・バタ屋）」。そして、今でこそ品川区芝浦に「食肉センター」として集約され姿を消した「屠場」など。つまり、三河島一帯に根付いた地域産業は、結果として東京の「都市化の犠牲」を、この地域に押し付けた結果であることは、一目瞭然なのである。

こうした肉体労働を生業とする地域では、やはり、安くて、早くて、スタミナ源となる食文化があるものだ。その代表的なものが、三河島駅周辺に点在する焼肉店である。一口に焼肉店といっても、三河島のそれは東京都心にある、いわゆる黒毛和牛の霜降り肉を中心とした焼肉文化とは一線を画す。その食文化を創造したのが、この地にやってきたコリアンたちだった。

荒川区は、足立区、新宿区に次いで、在日コリアンの多い町として知られていて、ＪＲ三河島駅から徒歩一〇分のところに「東京朝鮮第一初中級学校」がある。これは、日本の小学校、中学校に相当する。実は荒川区に暮らすコリアンのルーツのほとんどは済州島《チェジュ》で、戦中、戦前に日本にやってきた。当初、産業の中心だったのが、やはり皮革産業で、皮なめしなどの加工を手伝っていたと思われる。この町に暮らすコリアンの間では、当初、焼肉は外食ではなく、家庭の味だった。そもそも、屠場のあった三河島では、当時はあまり需要がなかった臓物（ホルモン）が、安価で手に入った。それを持ち帰り、各家の味付けで焼いて食べる。かつて、チョーセンアパートと呼ばれるトタン屋根の木造家屋が密集する地域では、七輪でホルモンを焼く煙が、あちらこちらで濛々としていたそうだ。やがて、あの家のオモニ（母）のタレは旨い、とか、テールスープが抜群だ、などの地域の評判の声に後押しされて、そんな料理上手のオモニやハラボジ（祖父）が、路面店で焼肉店を経営するようになる。確かに三河島を歩けば、焼肉屋も多いが、肉屋も多い。韓国食材を販売する商店の軒先は、常に買い物客でいっぱいだ。

焼肉はコリアンのソウルフード

一九五一年創業の「丸萬《まるまん》商店」の軒先には、旨そうなキムチ漬けが常時、一五種類ほど置いてある。定番の白菜や大根に加えて、こうした市場でなければ手に入らない「荏胡麻《えごま》の醤油漬け」などもある。店頭のガラスケースには、見事に切りだされた正肉が売られていた。もちろん、ホルモンもある。

この丸萬商店のすぐ近くで生まれ育った在日コリアン三世の金元明《キムウォンミョン》さんにとっても、焼肉はまさにソウルフード。家族や友人が集まると、食事は決まって焼肉だったという。

「何しろ在日コミュニティーでは、外食といえば焼肉なんです。その日の気分で、今日はホルモンを食べながら飲むぞ、という日はこの店。いやいや、今日は寒いので辛い鍋で体を温めたい日は、この店。いやいや、今日はカルビで白いご飯を腹一杯食べるならこの店と、同じ焼肉でも、その日の気分によって店を選択します。今は都内からお客さんが来るという予約必須の名店も、僕は豚トロが美味しいからと言って、家族に連れて行ってもらっていました」

また、焼肉店は地域のコミュニティーの中心でもあった。家族経営の丸萬商店の女将さんやご主人は、小さい頃からの顔見知りで、親戚のような関係。何しろ、この町に暮らす、ほぼ全てのコリアンが、同じ学校に通っている。先輩や後輩はもとより、アボジ（父）、オモニの同級生、先輩、後輩もいて、町を歩くだけで様々な知り合いから声がかかる。

この日、元明さんの案内で訪れたのは、JR三河島駅から三〇〇メートルほどの場所にある「金華園《きんかえん》」。店のオープンは夕方五時半。この店は元明さんのアボジの同級生が営んでいるとあって、物心ついたときから、家族で毎週のように通っていたそうだ。

「二十歳になるまで、いわゆる日本人の友だちもいなかったし、日本人のコミュニティーを垣間見る習慣がありませんでした。だから、飲みに行くのも焼肉店。食事に行くのも焼肉店。一週間に三回、四回、焼肉が当たり前でした。日本人はカレーライスが大好きで、毎日、食べても飽きないという人がいるけど、ちょっとそれとは違う。焼肉の食べ方も全くスタイルが違うので驚きました」

テーブルに着くと、まずお通し（パンチャン）が、ドンドンと置かれてゆく。キムチ、胡麻油と塩で味付けされたもやし、あとチャプチェ（春雨の炒め物）。まずは、これにビールで喉を潤してゆく。そして、メニューを見ながら、今日の試合運びを考える。日本人の場合、タンに始まり、カルビ、ロースなどの、食事が始まるとすぐに肉を焼きたがるが、元明さんはまず「フェ」と呼ばれる刺身を注文した。金華園のメニューには、レバ刺こそないものの、「豚耳刺」「コブクロ刺」「ハチノス」「ナマコ」「イカ」「牡蠣」などの刺身類が充実している。この日は、店自慢の「豚耳刺」こそ品切れだったが、定番の「イカ」と「牡蠣」を注文した。元明さんは、昔から酒のアテのような、味の濃いものが大好きだったという。

イカも美味しかったが、牡蠣の刺身は、いくらでも焼酎が飲める。生の牡蠣を、ねぎ、唐辛子、にんにく、胡麻油の入った甘酸っぱいタレで和えたものだが、これが病みつきになる。

別のテーブルでは水商売の女性だろうか。出勤前に中学生くらいの子どもと二人で「鍋」を食べていた。夕方とはいえ、この時間帯に母子が二人で、焼肉屋で鍋を囲む風景は、都心では絶対に見ることはない。この店の鍋はスープと野菜の入ったベースに、カルビ、ホルモン、ハチノス、タラ、牡蠣などのお好みの具材を追加して、卓上でグツグツ煮ながら食べるスタイルだ。

一九八九年生まれの元明さんは、自分の故郷の歴史について、あまり深くは知らなかったと語った。三河島も駅前にいわゆるタワマンが建つなど、表面的には近代的な東京の一部として、歴史が上書きされている。幼い頃に遊んだ商店街は、人影もまばらで、息も絶え絶えだ。それでも、太平洋戦争を挟んで、およそ一〇〇年の歴史の痕跡が、今なお町のあちらこちらに生々しく残る。

タン、ハラミ、ホルモン、レバー。炭火で焼いた臓物に舌鼓を打ったあと、食事のシメに「鍋」を注文した。ホルモンとハチノスがたっぷりと入った辛い鍋。ハウハウ言いながら平らげ、独特の食感のうどんを最後に投入し、大団円。腹をさすりながら外に出て、三河島駅のホームから空を見上げると、雨雲に霞んだスカイツリーが、寒々しく突っ立っていた。

焼肉の概念が変わる鹿浜の名店

「焼肉は鹿浜でしか食べない」

東京都足立区鹿浜《しかはま》――。

この町の名前を日本中に知らしめたのは、間違いなく一軒の焼肉屋だった。その名を「スタミナ苑《えん》」という。暖簾をかかげて半世紀以上が経った。

私がこの店を知ったのは二十歳の頃。きっかけは銀座の有名天ぷら店のご主人の一言だった。

「焼肉の概念ががらりと変わる店があるよ」

その言葉には格別の重みがあった。何しろその主人は、名店ひしめく銀座で若くして「名人」と謳われ大勢の料理人に慕われていた。そんな人物が「焼肉は鹿浜でしか食べない」というのだ。

当時、私はそんな名人を唸らせる店が「銀座」でも「赤坂」でもない足立区のはずれの名も無き町にあることが不思議でならなかった。「名店」は都心にあるという浅はかな先入観があったのだ。

私は「焼肉の概念ががらりと変わる」という言葉を胸に秘め、即日、心を躍らせて鹿浜へと向かった。後で知ることになるのが、この時すでにスタミナ苑は食通の間で密かに知られていた。

この店を初めて世に紹介したのは放送作家・秋元康ではないだろうか。一九九四年八月、料理雑誌『dancyu』の焼肉特集で「焼肉の魔力にひれ伏した」と書いている。作家の林真理子が上梓

半世紀の歴史が染み込んだ「スタミナ苑」の暖簾

した「四歳の雌牛」という短編はスタミナ苑が舞台だという。昭和を代表する俳優・松田優作もご贔屓筋の一人で、今でも優作が使ったというピンク電話が店内に残されている。

私がスタミナ苑に出会った当時、日本人にとって「焼肉」は日常の食べ物ではなかった。無論、町に焼肉店は存在し、「ロース」や「カルビ」などはメニューに載っていた。しかし、例えば「タン」や「レバー」が「ホルモン」と呼ばれる臓物の「部位」であることは誰も知らなかったように、日本人の焼肉リテラシーが乏しい時代だった。

それがこの三〇年で一変した。かつて消費者の間では「ホルモン」と一緒くたにされていた内臓類が「ハラミ」「ギアラ」「ハツ」など部位によって分類され、それが当たり前になった。焼肉が鮨や懐石、イタリアンやフレンチと肩を並べ、もてはやされる時代は二〇〇〇年代初頭からだ。そもそも濛々と煙をあげて生肉を焼いて食べる、という行為そのものが、東京という都市、とくに銀座のような洗練された都心では成立しなかった。当時、焼肉は在日コリアンが商売をする「上野」「赤坂」「大久保」など一部の特別な町の食べ物だったのだ。実は目指す鹿浜のある足立区は、東京でも有数の在日コリアンタウンだ。

だから都心から郊外に焼肉を食べるためにでかける行為そのものが、ちょっとした冒険だった時代だ。それにしても「鹿浜」はかなり不便な場所だった。地図を広げて確認すると、鹿浜は足立区の北部、埼玉と東京の県境に位置する。つまり、東京の最果てなのだ。最寄り駅はＪＲ京浜東北線「赤羽」「東十条」「王子」のいずれか。そこからバスかタクシーに乗る。電車とバスを乗り継ぎ、往復二時間かけて肉を食べようというのだから、都心に暮らす者にとっては半日がかりの小旅行なのだ。

当日、私は東十条駅でタクシーを拾った。友人と二人で後部座席に乗り込み「鹿浜まで……」と口にした途端、その運転手は、「スタミナ苑？」とピシャリと私たちの行き先を言い当てた。驚いた私が「そんなに有名なのですか」と尋ねると「荒川を渡ってタクシーで鹿浜に行く人は、地元にはいませんよ」と笑った。途中、その荒川に架かる「鹿浜橋」という橋を渡った。振り返ると抜けるような空の下、新宿副都心の高層ビル群が見えた。同じ東京でも牧歌的な風景が広がっていた。一五分程度で目的地に到着。店は人々の生活の匂いが色濃く残る商店街の一角に佇んでいた。創業以来、変わっていないという色褪せた看板と暖簾が店の歴史を物語っていた。

スタミナ苑には今も変わらない「予約を取らない」という「掟」がある。徹底しているのは有名タレントだって、政治家だって、この「掟」の前には平等だということだ。実はこの店が「伝説の焼肉店」と呼ばれるきっかけとなった逸話がある。それは店の常連に官房長官時代、国民に「平成おじさん」の名前で親しまれた小渕恵三首相が名を連ねていて、小渕氏もまた家族を連れ立って行列に加わったのだという。

それ以来、スタミナ苑は「総理大臣が行列に並んでまで食べたい焼肉」と呼ばれるようになった。

実際、店には小渕首相が家族で店を訪れた時の写真が今も飾られている。

それにしても、初めて店の暖簾をくぐった時には驚いた。外観だけでなく店内もお世辞にも居心地が良いと言える店ではなかったからだ。店はテーブルと小上がりで構成されていて、安っぽい昔ながらの木製のテーブルの上に炭火ではなくガスロースターが並んでいる。ところが、その雑多な感じとは対照的に登場した肉の味は、まさに「焼肉の概念を変える味」だった。

当時、私が書いたメモが残っている。

「上ロース。肉が瑞々しいと感じたのは初めて。火を入れると縮むどころか、とろけるように柔らかく口の中で溶ける。今まで食べた焼肉に比べると圧倒的に旨い」

「生レバー。プリッとした食感が堪らない。本当に甘い。刺身全般よし」

「ミックスホルモン。今にでも動き出すような躍動感を感じる。表面の艶が見事。臭みも何もない。衝撃」

スタミナ苑で私は初めて「肉の鮮度」という概念に開眼した。何しろホルモンの刺身を食べたのは初めての経験だったからだ。スタミナ苑は家族経営の店だが、先代か先々代が近所にあった食肉処理場（現在は閉鎖）で働いていたので、早朝につぶした牛の臓物が、タダ同然の価格で手に入ったのだそうだ。レバーと言えばどす黒い小豆色が当たり前だった時代、スタミナ苑のそれは全くの別物の鮮烈な輝きを放っていた。

味と並行して驚いたのがお勘定。食べ盛りの若者が二人で飲んで食べて一万円札でお釣りが来たのだ。こんなに安くて旨い店を世間は放っておかないだろう。店を訪れた誰もがそう思ったに違いない。その数年後、空前のホルモンブームが巻き起こり、それを契機にスタミナ苑はテレビ、雑誌に取り上げられるようになった。

あれから二十数年。ふとコロナ禍で「スタミナ苑はどうなっているか？」と思い出す自分がいた。今や巷には激安大衆店から銘柄和牛を扱う超高級店まで、様々なスタイルの焼肉店がしのぎを削っている。一頭買いや希少部位、日本人の肉偏差値も格段に上がった。そんな今、もう一度、スタミナ苑の焼肉を味わってみたい。そんな衝動に駆られた私の足はもう「鹿浜」へと向かっていた。

四月のある日、まだ太陽が西の空に傾くには早い午後。私は二十数年前のあの日と同じルートでスタミナ苑を目指した。途中、タクシーで荒川にかかるあの鹿浜橋を渡った。あの頃と違うのは東京スカイツリーの出現か。荒川の上流にはニョキッとタワーマンションが突っ立っている。かつては目にしなかった光景だった。

江戸時代、荒川の左岸に位置する鹿浜は「鹿浜村」という農村だった。郷土史をたどると「鹿浜」の語源は「シシ浜」で「猪や鹿のような獣が出る水辺の村」という意味だそうだ。

ホルモンの地位を確立させた

春の陽気を眺めているうちに到着。しばし、周囲を散歩して午後三時に店の前に立った。開店は四時。平日ということもあって、私の前には数組しかいなかった。いずれにしても、この時間から並んでも肉を食べようという強者である。話しかけると大手アパレルメーカーに勤める三十代後半の三人組だった。「早々と仕事を切り上げてきました。リモートワーク最高です」とすでに戦闘モード全開だった。

時間になると行列の先頭から、ドカドカと客が店になだれ込む。この日はテーブル席に通された。まずはビールで乾杯する。安心なのはスタミナ苑のメニューには全て値段が表記されていることだ。驚くのはやはりその安さ。一番高い「上ヒレ肉」でも「三一〇〇円」だ。都心であれば倍の値段もとれるだろう。この日の注文は次の通りだ。

「上ロース、ハラミ、上ヒレ肉、上タン、ミックスホルモン、レバ塩、牛もつ味噌煮込み、生野菜、キムチ、テグタンスープ」

注文を終える頃には店内のそこかしこから、肉を焼く旨そうな煙が立ちこめる。数分後、運ばれてきた肉は、いずれも大判にカットされていた。まずは「上ロース」を年季の入った熱々の鉄板に乗せる。数秒後、肉の表面がフツフツとして、旨そうな色に変わってゆく。ひっくり返すのは一度きり。裏はサッと炙る程度でいい。間髪入れず熱々を頬張る。

「ジュワッー」

上質な肉汁と脂が口の中いっぱいに広がる。そして、咀嚼するごとに肉の旨みが追いかけてくる。

「いやー泣けてきますね」

肉好きの友人がそう感慨深げに漏らす。この感覚、二十数年前と全く同じだ。気がつくと「上ロース」を追加注文していた。並ハラミを挟んで、次に「上ヒレ」。シルクのように柔らかく、その上等な歯触りはこの肉質、この厚さでなければ味わえないだろう。

厨房では今や有名人となった店の主人（兄弟が二人で経営されている）と数人の店員とが、忙しく手を動かしていた。そのテキパキとした仕事ぶりに見とれていると、店の看板メニューである「ミックスホルモン」が運ばれてきた。皿の上に子袋、ホルモン、ハツ、ギアラ、センマイの五種類が、一口大の大きさにカットされ無造作に盛られている。ホルモンはちまちま焼いてはいけない。豪快に皿の上のホルモンを鉄板の上に乗せる。肝心なのは箸でいじらず、じっくり待つことだ。鮮度のいいホルモンは熱が入ると鉄板の上で爆ぜるように動き出す。それを合図に上下をひっくり返す。そして、再び、ホルモンが動き出したら頃合いだ。

「コリコリ」「プチプチ」「サクサク」「ジュワー」……。異なる部位が口の中で奏でる音色は様々だ。かつてホルモンは正肉の副産物として、ほとんど価値のないタダ同然の部位だった。それが今ではホルモンそのものが「希少部位」と呼ばれ、とくに国産牛の臓物は業者の間でも取り合いだ。ホルモンの地位を正肉と肩を並べるまでに確立させたのはスタミナ苑だと言っても過言ではない。

しかし、単に新鮮なホルモンを仕入れれば良いという訳では決してない。仕入れたホルモンを部位ごとに、どのような下処理をして客に提供するのか。その客には見えない仕事にこそスタミナ苑の本当の仕事の尊さがあるのだ。それはホルモンに限らない。全ての肉に細やかな下ごしらえがなされている。だから「肉が臭い」ということは絶対にない。

さらに目を見張るのが食感と旨さを引き出す包丁仕事だ。単に肉を切るのではなく、肉を旨くするために包丁を入れるのだ。だからこそ、火を入れると肉が繊維に沿ってひらいてゆく。毎日、違う肉を触っているからこそ、その日の肉の状態に合わせる必要がある。

スタミナ苑の焼肉には爽快感がある。焼いた傍から次々と肉を頬張りたくなるのだ。胸がつかえるという感覚は皆無だ。散々食べて本日のお勘定は一二四六〇円。多少、高くなったが、都心のそれと比べると半値以下。それでいて肉質ははるかに上等だ。

帰り際、艶やかにいぶされたスタミナ苑の佇まいを見上げた。威風堂々としたその姿に何だか泣けてきた。二十数年前のあの日と変わったのは、レバーを生で食べることができなくなったことくらいだろうか。こうした店が現役で活躍しているからこそ、今日も見上げる東京の空が少し広く感じられるというものだ。スタミナ苑は東京という都市の、すでにひとつの部位としてこの町に暮らす人々の生活の一部となっているのだ。

「土手下」に息づく独自の焼肉文化（上）

飲み屋横丁　串揚げの流儀

ある意味、いくつもの「地方」や「地域」がモザイクのように寄り集まってできた都市が東京だとするならば、東京二三区の中でも地域の土着性が突出しているのが「足立区」ではないか。そこは上野や浅草など「下町」の空気こそ感じるものの、ただ「懐かしい」「昭和の風情」という紋切り型の表現ではすくい取ることができない混沌とした世界が広がっている。

足立区最大のターミナル駅として、ＪＲ、東京メトロなど四社五路線が乗り入れる北千住駅は、足立区の玄関口であり、地域の住人にとっては、都心にもっとも近い足立区の「都会」である。目下、駅前は再開発の真っ最中で大型商業施設や、足立区初の高級タワマンなどの建設が続いている。そもそも、「北千住」という名称は行政地名としては存在しない。地域の人々は、江戸時代から日光街道の宿場町として発展した町を「千住」と呼ぶ。

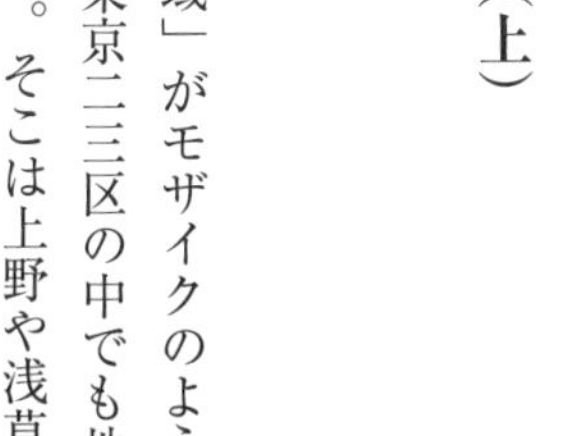
北千住駅前の西口飲み屋横丁。「天七」の看板もある

そんな北千住の駅前に、まだ陽の高いうちから続々と老若男女が吸い込まれる一角がある。「西口飲み屋横丁」と名付けられた細長い路地には、焼き鳥やおでんを出す大衆酒場、焼肉にホルモン焼き、小洒落たイタリアンやビアパブなどのレストランに混じってカラオケやガールズバー、

都会ならではのしょっぱい風俗店までが賑やかに軒を連ねる。そして、夜のとばりが下りるころには、この横丁には赤や黄色の派手な看板が浮かび、「もう一杯」と道行く飲んべえたちを誘惑する。

小豆色の暖簾が目印の「天七《てんしち》」は、この横丁の「顔」として親しまれている。創業は一九七五年。名物は東京では珍しい「串揚げ」だ。暖簾があがる午後四時と同時に、およそ五〇人は入ろうかというコの字形のカウンターが次々と埋まってゆく。早い時間は、いかにもガテン系の肉体労働者の中高年が中心。その隙間に若い男女が、少し肩を狭くしながら並ぶ。

そもそも、串揚げは東京の文化ではない。その発祥地は言わずと知れた大阪。まだ牛肉が貴重だった昭和初期、加工の段階で捨てられていた牛の横隔膜、いわゆる「ハラミ」をちぎって串に刺し、パン粉をつけてラードで揚げたのが始まりと言われている。箸休めは生のキャベツ。カウンターには等間隔でバットに入ったソースが置かれていて、揚げたての串を、これにどぶりと漬けて頬張るのが串カツの流儀だ。バットに入ったソースは一見、どろりとして相当濃い味のようだが、味わうと意外とさらりとしていて、これがコクのあるラードと絶妙な相性なのだ。

そもそも、串揚げは決して腹を満たすための食べ物ではない。言ってみれば「大人のおやつ」で、食べるというより「つまむ」食べ物だ。だから長居は許されず、立ち飲みの「スタンド形式」も理に適っているのだ。大阪では他に「ソースの二度漬け禁止」「キャベツ食べ放題」というお約束があって、先々代が本場大阪で修業しただけあって、天七でもその本場のスタイルを踏襲している。

私はかつて北千住に乗り入れている東武伊勢崎線沿線の「竹ノ塚」という駅に暮らしていた。北千住から竹ノ塚はものの数駅でたどり着くのだが、都心から満員電車に三〇分以上揺られるのが当時から苦痛で、外の空気を吸うために北千住駅で途中下車して、時々、この天七の串揚げで一杯飲んで帰ったものだ。

日常からこぼれ落ち気持ちよく酔う自由

当時から天七は一人客が主体で、とくに中年男性が多い店だった。今でこそ若い女性の姿を見かけるが、かつては女性客そのものが憚られる空気があった。ラードの焦げる臭いに包まれたその狭い空間は、心寂しい独身男性のたまり場のようにも見えた。名物のレモン酎ハイは三五〇円。会社や家族などの日常からこぼれ落ち、明日の仕事もなにもかも忘れて、半時ほど気持ちよく酔う。そんな自由が、この店にはあった。

変わらず圧巻はバラエティーに富んだ串種の数。常時三〇種類はある。人気は、鶏の手羽肉を骨から切り離して成形した若鶏。定番のアスパラやれんこんに混じって、アボカドやチーズ、餅などの変わり種もある。最初はあまりの多さに誰もが目移りしてしまう。高温のラードで、短時間で火を通す必要がある串種は、あらかじめ、下茹でするなど下ごしらえが施されている。昼過ぎから従業員が、総出で仕込むそうだ。毎日、およそ一〇〇〇本の串が準備される。

ここで注意しなければならないのは、串は二本単位で出てくるということだ。

だから、調子に乗って一度に頼みすぎると、カウンターに置かれた揚げ台がすぐにいっぱいになってしまう。かつて、常連客に「一度に頼むのは二種類まで」と天七の作法を教わったことがある。

「酎ハイ一杯頼んで好きな串を頼む。定番は牛肉だな。串が揚がったら、まず一本は卓上のソースで定番を味わう。そして、酎ハイ。二本目は卓上の辛子と塩をつけて味わいを変える。串揚げは熱々を食べないとおいしくないから、一度に頼むのは二種類までかな」

天七の串揚げの特徴は、きめ細かい硬質感のあるパン粉の食感と、それでいて、何本食べても胃にもたれない揚げ技の妙にある。厨房をよく観察していると、時折、何やら「バチン、バチン」と何かに串を叩きつける音がする。聞くと、鍋から串を引き上げる瞬間、コンロの縁に串を叩きつけるようにして、瞬時に油を切る音で、叩きつけても衣が剥げることはないという。

この日、三人で入店した私たちが注文したのは、それぞれ「牛肉ととうもろこし」「ハムカツと千住ねぎ」「キスと豚肉」。そして、酎ハイと生ビールとウーロン茶。店の献立は串揚げオンリーだから、皆、黙々と揚げたての串にかぶりついて、それでも、十分に満足できる。久しぶりに訪ねたこの日はコロナ禍の平日。しかも外は雨。店内には十数人いたものの、この店にしてはガラガラである。

「千住に人がいないんですよ。外を歩く人もいないじゃないですか」

ベテラン従業員がそうぼやく。それでも、テキパキと注文をさばいていく、息の合った客あしらいは眺めていて全く飽きない。四半時ほどの滞在で勘定は三三〇〇円。天七の隣には大衆酒場のお手本のような「千住の永見《ながみ》」があり、駅から少し歩けば、東京三大煮込みに数えられる「大はし」など名酒場がひしめく。天七は、千住はしご酒の皮切りにはもってこいの店である。

実は今回の本当の目的は、ここ北千住ではない。北千住から都営バスに揺られて、二〇分。行き先は足立区にある通称「土手下《どてした》」という地域だ。そこには、地域の人であれば、知らぬ者はないという、地域に根を張った一軒の焼肉屋があるのだ。

北千住駅から西新井大師に向かうバスの乗り場には、学校帰りの中学生、サラリーマン、ベビーカーを押す若い母親など、この町に暮らすあらゆる世代、あらゆる業種の人々が列を作っていた。北千住を出発したバスは、しばらく、駅前の商店街を進み、やがて右折。かつて「千住のお化け煙突」の異名で知られた千住火力発電所があった千住桜木町の墨堤通りを抜けて、たどり着くのが足立区のランドマークとも言える荒川にかかる西新井橋だ。この日は残念ながら梅雨の曇天模様で、河川敷に人影はなかったが、休日ともなれば草野球に励む地元の野球部の少年たちや、バーベキューに勤しむ家族連れなどで大いに賑わうそうだ。

西新井橋を抜けると、頭上を荒川と並行して伸びる「首都高速中央環状線」が塞ぐ。そして、バスは高架下を迂回するようにして、対岸の町へとゆるゆると降りてゆく。そして、がらりと周囲の空気が変わる。この一帯は古くから「土手下」と呼ばれ、同じ足立区にありながら、荒川を挟んで対岸に位置する千住とは全く異なる町を形成してきた。

土手下を貫く本木《もとき》新道（通称・バス通り）は、まるでのたうち回る蛇のように、右に左にカーブを描きながら、町を走る。どのバス停でもある程度の乗客が降りるので、距離の割には時間がかかる。やがて私たちは、「興本《おきもと》センター前」というバス停で下車。そこで、この町で生まれ育った在日コリアン三世・梁美星《ヤンミソン》さんと合流した。美星さんは、自分の故郷は足立区でも、もっとも特殊な町だと教えてくれた。

「この一帯は荒川よりも低い海抜ゼロメートル地帯。この町に暮らす人は、いつも、荒川の土手と首都高を見上げるようにして生活をしているんです。だから、土手下。近隣の主要な駅（北千住、西新井、梅島）から徒歩二〇分以上かかるので、まさに陸の孤島です」

在日コリアンの焼肉作法

実は、土手下を歩けば焼肉店にぶつかる、と言われるほど、この町には焼肉店が多い。焼肉だけでなく自家製キムチ専門店や、新鮮なホルモンを売る精肉店も点在している。意外と知られていないが、足立区には多くの在日コリアンが暮らしていて、都心とは全く異なる独自の焼肉文化が定着しているのだ。

美星さんの家庭でも、外食と言えば焼肉で、週に二、三回は当たり前だったという。東京の都心では焼肉は「ハレの日」の食べ物だが、ここでは正反対の「ケ」のものなのだ。大人になって、都心の焼肉店で、日本人の友だちと初めて食事をした美星さんは衝撃を受けたと言う。

「店に入って、メニューを見るなり、冷麺って友だちが言うんです。えっ、ということは、飲まないのと尋ねると、じゃあ、ウーロン茶……。隣の男子も、ドリンクはウーロン茶で、注文はカルビとロースにご飯。在日の世界では、焼肉屋に入って、飲まないという選択肢はありません。それに、いきなり赤肉とご飯という注文の仕方は見たことも聞いたこともありませんでした」

そこで、美星さんに在日ならではの焼肉作法について手ほどきを受けることにした。それはまず、店選びの段階から違った。私たちは「Ａ５の霜降り牛が旨い」などの情報を頼って、肉が旨い焼肉店を探すのだが、美星さんは「ホルモンを肴にしこたま酒を飲む」ならこの店。「赤身肉で白飯を腹一杯食べる」ならこの店と、その日の気分によって、いくつかの店を使い分ける。また、一通り、食事をした後に、スープはこの店がおいしいからと、店をはしごすることもあるという。

「焼肉屋に入るなり、マッコリを頼むという習慣は在日社会にはまずありません。酒はビールか焼酎。最初に頼むのはキムチやナムルなどの漬物と、『フェ』と呼ばれる刺身です。昔はレバーでした。今はミノやコブクロ、イカなどが定番でしょうか。これでまず、飲んで食べていったんお腹を落ち着かせます」

そして、半時ほど過ぎた頃、参加者の「そろそろ焼く？」の声を合図にホルモンをオーダー。この時も「にんにく多め」「唐辛子多め」「塩薄め」と自分好みに味付けをリクエストするのが当たり前だという。

「ここでは、参加者の数だけ、肉を焼くトングが用意されます。そして、子どもでも、大人に交じって肉を焼きます。そして、大人から直に、コブクロ（子宮）、フワ（肺）、ギアラ（第四胃）など複雑なホルモンの名称と、その部位ごとの焼き加減を教わるのです。物心ついた時からこの地域の子どもは自分の肉は自分で焼くのが当たり前でした」

そして、食事も最後に近づく頃に少しだけ赤肉のカルビ。あとは自分が好きな量の白飯を注文し、最後のメに入る。この時、欠かさないのがスープ。牛骨（ゲンコツ）を煮込んだ定番のコムタンひとつとっても、作り手によって味わいは全く異なる。中には丼一杯、スープを飲み干す人もいるという。

確かに、そうした話を聞いていると、この町の人々にとって焼肉は、本当の意味でのソウルフードだというのが、よく分かる。そして、美星さんが案内してくれたのが、表通りから一本、裏路地に入った場所に佇む、一軒のひなびた焼肉屋だった。暖簾に「アリラン料理」とある。

そこは、日々の暮らし、そして、人生の節目に、土手下で暮らす人々が足繁く通うという、まさに土地の日常に溶け込んだ名店だったのだ。

「土手下」に息づく独自の焼肉文化（中）

引き戸を開けると別世界が広がる

暖簾に染め抜かれた「アリラン料理」の文字。引き戸を開けて中に入ると、まるで映画「ＡＬＷＡＹＳ　三丁目の夕日」の時代にタイムトリップしたような別世界が広がっていた。

「長興屋」の暖簾には「アリラン料理」の文字

「いらっしゃい。そこのテーブル作ってください」

一見、無愛想な店主は、明らかに余所者である私たちに一瞥をくれると、そう一言だけ言って黙々と仕事を続けた。ここは土手下にある名店「長興屋」。店内は古色を帯びたL字カウンターと小上がりが二つ。店の奥には宴会ができる座敷がある。土間に設えられたカウンターには先客が一人。五十過ぎの男性が、陽が高いうちから一人で肉を焼きながら、旨そうに酎ハイで喉を潤していた。無造作に置かれたテレビからは、ワイドショーのコメンテーターのどうでもいいはしゃぎ声が響いている。ここは飲食店だが、どことなく誰かの家に招かれたような心持ちに浸れる。

とりあえず瓶ビールを注文し、ゴクリとやる。噴き出す汗が瞬時にひいてゆく。一息ついたところで、改めて店内を眺めると、それまで見えていなかった風景が眼前にうかびあがった。目を惹くのは梁に飾られている酉の市名物のド派手な熊手だ。しかもギョッとするほどの特大の代物だ。この熊手が無愛想な主人よろしく睨みをきかせている。それだけでも、この店は誰かに連れてきてもらわないと、絶対にたどり着くことができない類の特別な場所だということが分かる。

さて、暖簾にあった「アリラン料理」とはいったいどんな料理か。壁に張り出されているお品書きを眺める。ホルモンを中心に、ちげ（七五〇円）、肉どうふ（五〇〇円）、ビビンバ（八〇〇円）、豚足（四五〇円）など韓国の家庭料理が並ぶ。一番高いのは上カルビ（一三〇〇円）。それにしても、とにかく安い。都心ではあり得ない価格設定だ。

何を注文しようかお品書きを前に目が泳いでいると、在日コリアン三世・梁美星さんがこの土地ならではの食べ方を指南してくれた。土手下生まれの美星さんは、物心ついた頃から店に通っている。美星さんは、手元のビールをゴクリと飲み干し、品書きも見ずに、いつも通りの注文を通す。第一声は、今日は「フェはないの？」だった。

「フェ」とは韓国語で生の魚介や肉・内臓を薄切りにしたもので、平たく言えば「刺身」だが、日本のそれとは趣が異なる。日本の刺身は、醤油にわさびを添えるが、韓国の場合はコチュジャンをベースに、お酢やごま油、テンジャン（韓国味噌）で味付けをする。肉のフェで日本人に親しみがあるのが、生の牛肉をやはり醤油、コチュジャン、ごま油などで和えた「ユッケ」、そして牛の生のレバーをごま油と塩で食べる「カンフェ」だろう。レバーは二〇一二年七月から原則的に生食が禁止となり、今では見る影もない。それに代わってユッケは都心の高級焼肉店でも人気のメニューだという。しかし、ここは土手下だ。フェと言えば、真っ先に名前があがるのが「臓物」である。とくに「コブクロ刺し」「ミノ刺し」がこの店の名物だ。

「コブクロに限らず、刺身は新鮮でなければおいしくない。とくに臓物は鮮度が落ちるのが早い。臓物の刺身が旨いというのは、それだけいい仕入れ先を持っているということ。塩とごま油で味付けされたコブクロ刺しは、焼酎がいくらでも飲めるんですよ」

残念ながらこの日、いずれの刺身も品切れだった。それでも、フェがないと始まらないというので、イカ刺しを注文。それに、キムチの盛り合わせ、ニラ、もやしのナムルを追加した。まずは、これらをアテにして飲みながら、何を焼くのかじっくり算段しようという寸法だ。

イカ刺しはコリコリとした食感に、にんにくのパンチのある香りが病みつきになる。これが、ニラのナムルと抜群の相性で、ぐいぐいと酒が進む。土手下では、キムチやナムルは常に食卓にあるもので、足りなくなったら追加でオーダーをする。

濛々とした煙と熱々のホルモン

そろそろ、濛々とした煙が恋しくなったのでホルモンを注文する。運ばれてきたのは、昔ながらの年季を感じさせる四角いロースターだった。最初に頼んだのは「タン」。通常、タンは牛が多いが、この店では豚タンだ。これはタレ焼きではなく、塩焼きがいい。無論、醤油ベースのつけダレにつけてもいいし、コチュジャンをベースに、十数種類の調味料をブレンドした自家製の酢味噌も絶品だ。この酢味噌は、ホルモン全般と相性が良く、後を引く味だ。

続いて注文したのは名物の上ミノとホルモンだ。

ミノは韓国では「ヤン」と呼ばれる。ミノは身が分厚く、純白に近い色をしている。包丁を入れて広げると、その形が、雨具の「蓑《みの》」に似ていることから、その名前がついたと言われている。ミノを上手に焼くには、焦がさないように箸先を使って転がしながらじっくり、時間をかけて焼く。上手に焼くとコリコリとシャリシャリの中間のような、独特な貝の刺身のような食感になる。

本来、ホルモンは臓物の総称だが、この店では豚の小腸をブツ切りにしたものをさす。豚の腸は内側のひだの部分をむき出すように包丁を入れる。ロースターに乗せると、脂に火がつき、一気に濛々と煙がたちのぼる。熱々を頬張れば、ホルモン特有のジュワーッと甘い脂が、口の中いっぱいに広がる。

注文が入ると、主人が台所にオーダーを通し、その都度、下ごしらえが施された肉にタレがまぶされる。この店では台所に立つのは全て女性だ。そんな話をしていると美星さんが、同じ焼肉でも、在日と日本人では、肉の焼き方や楽しみ方が全く違うと言う。肉の焼き加減こそ、ひとそれぞれだが、日本人は全般的に肉の焼き方も上品らしい。一枚ずつ、丁寧に、細部にこだわって焼く。こうした焼き方は、都心のハレの日の店の流儀だそうだ。

「日本人は肉が好きな人ほど、ホルモンでも赤肉でも、一枚一枚、すごく丁寧に焼くのですが、在日同士で肉を焼くときは、もっと豪快。盛り付けされたホルモンを、そのまま、ロースターの上にスライドさせる。火力やロースターの場所によって、ホルモンが焼き上がる時間は異なるので、焼けたそばから箸をつけます。これが、先輩や目上の人との食事の場合は、後輩が肉を焼く担当。焼き方が悪いと下手だと言って怒られます」

そうこうしているうちに、ゾロゾロと客が入ってきて店内はあっという間に賑やかになった。いずれも、よそ行きの格好ではない。中にはサンダル履きのカップルもいて、その風体からいずれも地元の人であることが分かる。都心からこの店をめがけて来たような客は一人もいない。

そもそも、創業から六〇年以上がたつこの店は、古くから土手下の町工場の社長連中が、昼間っから肉を頬張りながら、酒をあおる下町の労働者の「聖地」だった。この店の性格を決定づけたのは、歩いて数分のところにある「東京朝鮮第四初中級学校（通称・第四）」の存在だろう。韓国・朝鮮語で学校は「ハッキョ」と呼ばれ、美星さんの母校でもある。

焼肉の風景は幸せな家族の記憶

この店の常連の一人、在日コリアン三世のKさんは、物心ついた頃から家族三代にわたって、この店に通っているそうだ。そして、この店での焼肉の風景は、幸せな家族の記憶、そのままだという。

「幼い頃から休日には、父親の友人らが集まり、昼間から座敷で宴会をしていたのを覚えています。店の隣が児童公園なので、大人が飲んで、騒いでいる間、子どもは公園で遊んで時間をつぶしていました」

そして、ハッキョに通うようになると、いつも店の軒先を通って下校をすることになる。いつもホルモンが焼ける何ともいえない香ばしい匂いが漂っていて、大人たちの笑い声が漏れ聞こえていたという。それを聞く度に、早く、大人になって、自分の稼いだお金で、あのカウンターに座ってみたいと、友人と語り合ったそうだ。

Kさんは、その〝デビュー〟の日のことをはっきりと覚えている。「そうですね、高校を卒業した日にしておきましょう」と笑う。実際はもっと早かったのかもしれない。その日は幼なじみと連れ立って、緊張しながらカウンターへ。大人を真似て、野球中継を見ながら肉を焼き、昼間から焼酎を飲んだ。そして、飲まれた。当然、家族には内緒だったが、店に行けば誰かしら、親類や同胞の先輩に出くわした。そんな時は、必ず酒を持って挨拶に行く。いつも食事代はおごりだったという。

「ある日は同い年のツレと、またある日は親しい後輩と。突然、先輩に店に呼び出され、したま飲まされた日もありました。目上の人との付き合い方、店での振る舞い方、酒の飲み方は徹底的に教わりました。今では先輩にしてもらってきたことを、僕が後輩に返してあげる年齢になりました。人生で大切なことは全部、この店で教えてもらったような気がします」

Kさんと同じような経験を、この土手下に暮らす在日の人々は持ち合わせている。

ひと通り、ホルモンを食べた後、美星さんの「そろそろ赤肉焼きます？」の声を合図に、最後にロースとカルビを注文することにした。赤肉とはロース、カルビ、そして、今ではザブトンやミスジなどの霜降り肉のことだ。かつては肉の仕入れ業者しか知らなかった希少部位が、今ではその代名詞として一般化してしまった。都心ではいつの頃からか、焼肉は高価な食べ物になってしまった。国産の霜降り肉は今や、流通以前の段階から取り合いで、年々、市場における単価も高騰傾向にある。かつては、ホルモンと言えば、ただ同然で手に入れることができたが、今では良質なホルモンは、部位によっては正肉よりも高い場合がある。土手下では、こうしたサシの入った肉を「赤肉」と呼び、それ以外のホルモンなどは「白肉」と呼んで峻別されている。また、ホルモンと言っても牛もあれば、この店のように豚中心の店もある。言うまでもなく、豚よりも牛が仕入れ値は高い。

「肉の味付けも、例えばにんにく多め、唐辛子多め、塩は薄め、など好みの味付けをリクエストします。赤肉はそのまま食べる人もいますが、ご飯といっしょに〆の感覚で焼く人もいる。いずれにしても、十人いれば十人の流儀があります」

赤肉を焼いている最中、ご飯を無償に食べたくなったが、それを我慢するに値する〆飯がこの店にはある。それは「肉めし」。自慢のつけダレで味付けした焼飯のことだ。これを初めて食べた時は、世の中にこんなに旨いものがあるのかと思ったほどだった。肉からあふれ出た脂と、白米の甘みとが相まって加速的に食事が進む。つけダレは醬油味だが、甘ったるくなく、にんにくが効いているので酒のつまみにもなる。この周辺の家庭では、肉めしのテイクアウトをする人も多い。ある家庭では、これをサンチュなどの野菜にくるみ、コチュジャンをつけて食べるのだという。

結局、四人で小上がりに陣取り、ホルモンを中心に、たらふく食べて、お会計はひとり二八〇〇円。都心の価格からすれば、半額以下である。帰り際、腹ごなしに店の周囲を歩いた。やはり、土地柄もあり焼肉店はもとより、手作りのキムチ、カルビ、ハラミ、牛テールなどの焼肉食材を販売する商店が目につく。いったいこの土手下の人々は、どこからやってきたのか。そのルーツを知りたくて、土手下の歴史に詳しい、地元の年配者のご自宅を訪ねることにした。

「土手下」に息づく独自の焼肉文化（下）

関東大震災「朝鮮人殺害」の史実

足立区の「土手下」を流れる荒川の、そのさらに下流に「木根川《きねがわ》橋」という橋がある。荒川を挟んで墨田区と葛飾区をつなぐこの橋を、二人のシンガーソングライターが歌っているのをご存じだろうか。

取材時に供された韓国家庭料理の品々

一人はさだまさし。長崎から上京してきた若き日の佐田雅志少年は、この橋近くにある葛飾区の中学校に通っていた。一九七九年にリリースされたその名も「木根川橋」という歌には、佐田少年の目に焼き付いた荒川とその周辺の下町の情景がノスタルジックに登場する。木根川橋、水道路、白髭神社……。他にも地域の鎮守である木根川薬師の縁日で、杏飴を売る露天商などが登場する。さだが描いた下町の風景は、当時、東京に限らず、どの地方、地域にもあった「昭和」という時代そのもので、戦後生まれの日本人の心象風景とも重なる。

しかし、この歌には、木根川橋をめぐる、ある歴史的な出来事が登場しない。一方、済州島生まれの両親のもと、六人兄弟の末っ子として葛飾の下町で生まれ育った歌手の李政美《イジョンミ》は、自身が作詞作曲した「京成線」の中で、さだが描かなかった歴史に触れている。その曲はこんな歌詞から始まる。

「重くよどんだ　川の水に　四両の短い影　映しながら　今日も走るよ　京成線　低い鉄橋の
その下には　埋もれたままの　悲しみ眠る」

一九二三年九月一日に東京を襲った関東大震災。迫りくる災禍と混乱の最中、日本人の官憲や民間の自警団によって多くの朝鮮人、朝鮮人と誤認された人々が殺害された史実は、夏の終わりの東京に今も重く暗い影を落とす。一〇万五〇〇〇人あまりの命を奪った関東大震災は大都市を襲った類を見ない大規模災害だが、その陰で「朝鮮人が井戸に毒を入れた」など、根拠のない流言飛語に扇動された日本人の手によって、多くの在日コリアンの犠牲者が出た。荒川流域でも、多くの朝鮮人が殺害され、その現場のひとつとなったのが木根川橋だった。

毎年、この橋のある河川敷では、犠牲者の追悼集会が行われる。最寄り駅の京成線八広駅から歩いて数分の場所には追悼の碑があり、献花が絶えない。

李政美自身が済州島から日本を目指し、そして、この地に根を張った在日コリアン二世であり、この地域には今も在日コリアンが多く暮らす。

東京都心から成田空港へと向かう京成線の電車に乗って、この木根川橋とすれ違う度に、この二つの曲がふと思い浮かぶ。ちなみに、京成線は足立の土手下へと続く首都高の高架の下を走る。この町の人々も、同じく、土手と首都高を見上げて暮らしているのだ。

足立区の土手下に話を戻すが、この一帯に根付いた朝鮮人がどこからやってきたのか。現在、足立区の在日コミュニティーの顔役を務める男性（64）に話を聞くと、そのきっかけも関東大震災だったそうだ。

郷土の資料によると、関東大震災以前の一九一三年に確認されている足立区の朝鮮人の人口は、わずか十数人。それが一九二八年には五〇〇人まで増えている。なぜこの十数年で人口が急激に増えたのだろうか。その男性は、自分の祖父母世代の年長者にこんな話を聞いたことがあるという。

「関東大震災の時に、隅田川の向こうで火の手があがり、家屋が倒壊し生活できなかった同胞が、比較的、被害が少なかった足立に、西新井橋を渡って避難してきたと言うんです。足立の日本人の年配者からも、関東大震災の時に避難した朝鮮人を助けたことがあるという話を聞いたことがあります」

足立のコリアンはなぜ日本に来たか

ここで一つの疑問が浮かぶ。なぜ、足立の朝鮮人は日本にやってきたのか、だ。当時、日本の国内情勢は、一八九四年日清戦争、一九〇四年日露戦争を経て、一九一〇年に、日本は朝鮮半島を併合し、植民地支配を開始する。その直後、ヨーロッパでは第一次世界大戦が勃発。軍事物資として軍服の生産に欠かせない皮革製品の需要が一気に拡大する。江戸時代から皮革産業が根付いていた浅草周辺など日本各地で、その増産の過程で労働力が必要となり、植民地だった朝鮮半島から、多くの人々がやってきた。

「関東大震災の後は、皮革産業に加え、当時、東京都内の廃品回収の集積所が、台東区三河島にできて、土手下の本木にも、その支所ができたんです。当時、廃品回収業者は『バタ屋』と呼ばれていましたが、くずを拾えば多少の収入になり、その仕事を求めて同胞が足立に根付いたと言われています」

実はこの時代、ほぼ同じような産業構造が東京、大阪など日本の各地で同時多発的に形成された。土手下に暮らす朝鮮人に、その故郷をたずねると済州島や慶尚南道《キョンサンナムド》など、朝鮮半島南部をルーツに持つ人が多く、その一部は、太平洋戦争の後に、大阪にある猪飼野《いかいの》から移り住んだ人もいる。

猪飼野は大阪有数のコリアンタウンとして名を馳せる。大阪市の東成区・生野区にまたがり、古くは土手下と同じように、平野川と呼ばれる河川の右岸一帯で、人が好んでは住まない低湿地帯だった。朝鮮人が増えたきっかけは、一九二二年、大阪と済州島の間に「君が代丸」という定期直行便が就航したことだった。最初は出稼ぎが多かったが、やがて、日本人と結婚する者も現れる。やがて、先に定住した親類を頼りに、日本という新天地を目指す同胞が絶えなかった。済州島の人々にとって大阪の「猪飼野」は特別な場所なのだ。

足立区で縫製業を営む在日コリアン二世のI子さんは、今でも病院などに行くと、日本人から同じことをたずねられるという。

「私の名前は韓国人と同じなので、韓国からやってきた韓国人だと思われるのでしょ。その度に、日本語がお上手ですねと言われる。いや、私は足立で生まれ育ったんですよ、というと、どこか納得できないような表情を浮かべ、はぐらかされる。私たち在日コリアンの歴史を、ほとんどの人が知らないのだと思います」

土手下で生まれた戦後世代は口をそろえて、当初、焼肉は店で食べるものではなかったと話す。今でも土手下を歩くと、焼肉店、手作りキムチ、カルビ、ハラミ、牛テールなどを販売する商店が目につく。それらは「興野《おきの》」「関原《せきばら》」「本木」に密集している。あるキムチ屋の女性店主は、先代から聞いた話として、こんな話をしてくれた。

「戦後の土手下は活気に満ちていました。高度経済成長の成長産業だったビニール製サンダルや、ゴム草履を作る工場が乱立し、酒屋は昼間から酒をあおっている社長連中がいました」

この土手下の経済を支えた「ビニール製のサンダル」は「ヘップ」と呼ばれ、「ローマの休日」で知られる女優オードリー・ヘップバーンが劇中で履いたことから、その名がつけられた。このヘップ産業は、あの猪飼野から土手下に伝わった。最盛期のヘップ産業を支えたのは深夜まで内職に従事した女性たちだったという。

今でこそ土手下には焼肉店が密集しているが、当時、焼肉は家で食べる日常の食べ物だったと女性店主は続ける。

「夕方になると、そこら中のトタン屋根の平屋の軒先で、七輪を出して肉を焼くので、濛々とした煙があちこちでたっていました。食べたのはもっぱら『混ぜモツ』と言って、あらゆる部位の内臓（ホルモン）がごっちゃになったものです。高級なカルビやロースなどの赤肉は食べたことがありませんでした」

そもそも、土手下には裕福で余裕のある家はなかった。そこで、地域の肉の解体業者などから、タダ同然の臓物を安く譲ってもらい、唐辛子やニンニクの効いたもみダレに予め漬け込んで焼く手法が発明された。これが現在の「焼肉」のルーツだ。いずれもお金をかけずに旨いものを食べるという、在日の生活の知恵なのだ。

当時、家々が密集する土手下の迷路のような路地を歩けば、肉の焼ける濛々とした煙であたりは火事場状態だった。もっぱら台所に立ち腕を振るうのはハルモニ（祖母）とオモニ（母）で、その焼肉の味は家族の故郷である朝鮮半島の味がベースになっている。家焼肉の日は、ご近所さんも七輪を囲む輪の中に入った。そのうち「あの家の焼肉は旨い」「キムチが抜群」「タレは町内一」など各家の味が評判となり、やがて、そうした味自慢の家の家族が、表通りで焼肉店を開くようになる。バブル景気に沸いた一九八〇年代になると、足立区には焼肉店が乱立するようになった。

「日本人にとってのカレーライスが、在日にとっての焼肉なんです」

在日コリアン三世の梁美星さんは、在日コリアンにとっての日常食である焼肉をそう表現する。美星さんも、家族のお祝いはもちろん、親類が集まる法事など人が集まる日は必ず焼肉を食べる。

多い月には週数回で焼肉だったというから驚きだ。美星さんが通ったハッキョ（学校）と焼肉も切っても切れない関係だ。

「第四（東京朝鮮第四初中級学校）の家庭訪問は、自宅訪問はそこそこに焼肉店に移動して、ひたすら飲んで、肉を食べるのが伝統です。それが、在日のおもてなしなんです。招かれる先生も心得ていて、その日は最後の最後まで付き合うので、家庭訪問は一日一軒と決まっています」

土手下のもんじゃ焼き

実は「土手下」という名称は、かつて、荒川沿いの土手の下に、自分たちのハッキョが建っていたことから、そう呼ばれるようになった。この地域の歴史を教えてくれた男性はこう振り返る。

「かつて、この地域は『川向こう』と呼ばれていました。もちろん、治安が悪い、怖いという蔑称の意味を含んでいるんですけど、地元の人は怖いと思ったことはなかったです。川向こうと言われると、『こっから向こうは北海道まであるぞ』と言い返しました。当時、僕らの学校は本当に荒川の土手の下にあって、運動会になると、運動場に入りきれない人々が、荒川の土手に座って応援したものです」

その場所は荒川に架かる西新井橋のたもとだった。かつての西新井橋は、全長四三〇メートルの木桁橋だった。千住側の土手の向こうには「お化け煙突」の異名をとる「千住火力発電所」の煙突がそびえて見えた。

「土手下には焼肉と並んで、日常的な食べ物があります。それは、お好み焼きです」

町を案内してくれた美星さんは、そう言って、町一番の人気店に案内してくれた。使い込まれ、黒々と輝く鉄板が並ぶ小上がりのその店は、遅い時間にもかかわらず家族づれのお客さんで満席だった。お好み焼きと並んで有名なのがもんじゃ焼き。もんじゃといえば、浅草や月島が有名だが、実は足立のもんじゃは通の間では非常に有名なのだ。

「焼肉店ではなく、お好み焼き店を経営する在日の人は多いのです。やはり、猪飼野からやってきた人が鉄板のお好み焼き屋を始めたという説と、とにかく粉ものなので原価がかからず、誰でもすぐに始められたのは大きかったのでしょう」

満腹だったのでお好み焼きは次の機会にして、もんじゃをいただいた。美星さんのおすすめに従って、「めんたい、もち、チーズ」と「豚、カレー、ベビースター入り」を注文。まずは、細かく刻んだキャベツを炒め、鉄板の中央で平たく伸ばし、真ん中に小麦粉を水で溶いた糊状の衣を流し込んでゆく。その手際の良さにうっとりとしていると、やがて、香ばしい匂いが広がってきた。間髪入れずに、もんじゃ用のヘラを使って、外側の焦げた部分を、ヘラに押しつけるようにして食べる。アツアツ、ハフハフのもんじゃは、焼き肉同様、各家庭の作法があるという。

「結局、注文をとって、お店の人とやりとりしながら、もんじゃを焼くのは、女の仕事なんです。男は何もしないで酒を飲んで騒いでいるだけ。時代遅れと言われても仕方ないけど、それが受け継がれてきた土手下の文化なんです。この町を出て初めて、違う世界があることを痛感しました」

親から子へ、子から孫へ。食卓を囲みながら継承されてゆくものがある。濛々と煙る煙の向こうに、まるで夏の陽炎のように彼らの祖国が揺れている。

第6章
現代の「寄せ場」はどこにある?

深夜もお客さんで賑わう立ち食いそば「そばひろ」

人はなぜラーメン二郎に挑むのか

「二郎は二郎なのである」

「一緒に山に登りませんか」

　取材がきっかけで知り合った個人タクシーの運転手・日向勝巳さん（仮名）にそう声をかけられた。集合場所はＪＲ目黒駅西口から続く権《ごん》之《の》助《すけ》坂《さか》を下ったところ。目黒通りと山手通りが交差する「大鳥《おおとり》神社」という交差点だった。

　ゴウゴウと車が行き交う山手通りを中目黒の方向に歩くこと数分。時計の針は正午を回っていたが、ある一軒のラーメン屋の前に長蛇の列ができていた。並んでいるのはいずれもガタイのいい運動部風の学生連中で、同世代の女性客が数人だが混じっていた。

「今日の行列は少ない方ですけどね」

　日向さんはそう呟くと、その行列の最後尾に陣取った。先客はおよそ一五人。その様子をうかがうといずれもスマートフォンで漫画や映画を見ている。私は行列というものがそもそも苦手で、並んでまで食事をするという習慣がない。それに偏見かも知れないが、行列に並ぶ若者の印象はあまり良いものではなかった。大声で話したり、道路を占拠し通行の邪魔になることもしばしばあった。しかし、ここは違った。誰もが通行人の邪魔にならないように、意識して歩道の隅

山のように具が盛られた「二郎」のラーメン

っこに整然と一列に並んでいる。

ラーメン屋はお世辞にも清潔とは言い難い外観だった。目を引く黄色の蛍光色に特大文字で「ラーメン二郎《じろう》目黒店」と書かれている。店の玄関は開け放たれていて、中を覗くとL字型のカウンターで客同士が肩を寄せ合って、ラーメン丼と格闘していた。

「慶應義塾大学に通っていたんですけど、そこに本店がありましてね。もうかれこれ四半世紀以上、二郎を食べているんですよ。自分はまだ『ジロリアン』だとはおこがましくてとても言えないのですが、学生時代から必ず月に一回は食べ続けています」

ジロリアンとは二郎愛好家の間で「熱狂的なファン」という意味合いで使われる。かつて十代の頃にラーメン屋台で働いていた私は、二郎がいかなる食べ物なのか知らないわけではなかった。ラーメン業界にはこんな言葉がある。

「二郎はラーメンにあらず。二郎は二郎なのである」

この哲学めいた言葉が、まさにこの「二郎」という食べ物の本質を突いていることを知るのは、二十歳で上京してからのことだった。

そうこうしているうちに、私たちの番が回ってきた。店に入ると何とも言えない豚骨臭が鼻を突いた。店内にはセルフサービスの水があるが、ほとんどの人が店の入り口にあるウーロン茶のペットボトルを購入していた。私は予め日向さんにこう耳打ちされていた。

「私は小ラーメンの野菜増しを頼みます。『小』で普通のラーメンの大盛りです。食べ慣れていない人が『大』を頼むのは危険です」

その「警告」は正しかった。後に「ラーメン大」を注文した客の末路を隣で見ることになる。

厨房にはずんぐりとした小柄な男性がいた。どうやら彼が店主のようだった。着席するとまずラーメンの大きさを聞かれる。

「大か小か?」

そして、数分後に今度はトッピングの有無を聞かれた。基本は同じ味付けのラーメンだが、トッピングで自分好みにアレンジできるというのが二郎の真骨頂らしい。

「ニンニク入れますか?」

「はい」

「野菜は?」

「多め」

「肉は?」

「多め」

「脂は?」

「増しで」

まるで問診のようだった。食べ慣れていない私は「ラーメン小」。トッピングはいずれも「普通」と回答した。カウンターには独特の緊張感があった。私語をする人はいない。スマホの画面に目を落としている人もいない。一人だけかなりの猛者とみられる屈強なガタイの男性がいた。

「ヤサイニンニク増し麺硬めで」

ジロリアンの間では注文は「コール」と呼ばれている。コールの中には「呪文」と呼ばれる独特の言い回しがあると日向さんに教わっていた。

「ヤサイニンニクマシマシダブルニクカラメ」

それはまさにこの店でしか通用しない「符牒」だ。ただこの場でその呪文を言い切るには、かなり勇気が必要だ。中にはこの「呪文」を唱えたくてやってくる客もいるだろう。しかし、それを許さない空気があった。それは店主がこの場の空気を差配しているからに違いなかった。けれども、だからと言って、居心地が悪いわけではない。ふと日向さんを見ると、目をつむり、真っ直ぐ前を向いていた。これから始まる戦を前に精神統一をしているようでおかしかった。

丼の上にそびえる「山」

数分後、一斉にカウンターに丼が置かれた。想像したものよりも小ぶりの丼だった。太めの麺、醤油のスープ、その上に厚切りのチャーシュー、茹でたもやしとキャベツが天盛りとなっていた。これなら「楽勝」と思った。そんな矢先、あの一番端っこに座るジロリアンと思しき男性の元に「ラーメン大」が運ばれてきた。席が離れているとはいえ、丼からはみださんばかりの量に仰天した。まさにあれは「山」だ。

カウンターの八人がいっせいに、それぞれの二郎に箸をつける。せっかくなので、先ずはスープを一口、飲んだ。巷のラーメンと比べると、かなりしょっぱい。醤油の味が濃いと言った方がいいか。これでも野菜は「普通」なのだが、上から眺めても下の麺が確認できない。「野菜増し」を注文した日向さんの丼を見ると尚更だ。

箸で丼の底から麺を引き出すようにして食べる。麺は太めでかなり硬い。噛み応えがある。白濁こそしていないが豚骨の風味が利いたしょっぱいスープが麺に異様にからんでいる。正直、心の底から感動できる味ではないが、不思議なことに半分を食べ終わる頃には、この塩梅が絶妙と感じるようになる。口の中の感覚が麻痺しているのか。

しかし、このラーメンの本当の恐ろしさは、半分を経過してからだった。ラーメン小だというのに、なかなか麺が減らないのだ。食べても食べても、丼の底から麺が出てくる不思議な感覚になる。

やがて客が一人、二人と帰路につく。

「ごちそうさまでした」

食べるスピードは速い方だと自認していたが、それでもなかなかゴールにたどり着けない。隣を見ると、野菜増しを頼んだ日向さんは、もう最後の麺をすすり、あとは野菜とスープをさらうだけのゴール直前だった。

「先に出ていますね」

私に一瞥をくれると日向さんは外に出た。カウンターに残されたのは、私を含め五人。やがて、また一人、また一人とカウンターを離れてゆく。なんだか、置いてけぼりを食らったようで、不安になる。

大盛りを注文した彼に目をやると、まだ半分も到達していなかった。しかし、驚いたのは彼の食べっぷりだった。一気呵成に麺を口にしているのだが、その姿が実に堂々としているのだ。その姿には余裕すら感じられた。それに比べると私は同じラーメンを前に怯えているようだった。結局、最後は麺と野菜を胃袋に流し込んだ。ラーメンを楽しむなんて余裕はなかった。やたら喉が渇いた。店前の自販機でウーロン茶のペットボトルを買わなかったことを後悔した。結局、スープは半分も飲めなかったと思う。スープを残した罪悪感を背負いながら、店を出た。なんとも言えない「敗北」に似た気分だった。

マニアの間で目黒店は「メグジロー」「メグジ」の愛称で知られている。同じ二郎でも「三田本店」「神田神保町店」などと比べると上品な味と言われている。「メグジローは山の手の味」なのだそうである。正直、私は三田本店に足を運んだことはない。この山の手の二郎ですら私にとっては限界だった。本店はいったいどこまで凄いのか。

唯一無二の「何か」を目指して

外に出ると日向さんが「どうでした？」と言わんばかりに、ニコニコして私を迎えてくれた。その表情に癒やされた。二人で近くの喫茶店に入った。

日向さんと知り合ったのは、コロナ禍のタクシー運転手の日常についてある媒体で取材をさせてもらったのがきっかけだった。タクシードライバー歴二三年。当初は都内でも大手の会社に所属していたが、一〇年間の無事故、無違反を経て個人タクシーの経営者になった。現在、東京都内で単身ひとり暮らし。東北に離婚した元妻と二人の娘がいるそうだ。

ラーメン二郎に出会ったのは、東京・三田にある母校の脇に「ラーメン二郎三田本店」があったからだ。日向さんは剣道部に所属していた。

「当時から二郎は有名でした。何より親父さんの人柄ですかね。ちょうど三年生の時に、道路拡張の計画が実施され、その影響で二郎が閉店するという噂が流れて。運動部を中心に署名を集めて、大学構内の食堂に誘致できないかと学長に嘆願したんです。結局、一度は閉店したのですが、その後、今の場所で営業を続けています」

それにしてもなぜ、二郎に惹かれるのか日向さんに聞いてみた。

「一言では言えないんだけど……」

しばらく黙り込んだ後、意外な言葉が返ってきた。

「オレはオレのままでいいんだって。なんか言ってくれている気がするんです。不思議なもので食べたくなるのは、決まって気持ちが落ち込んだ時なんですよね」

このインタビューの時点で、私の胃袋は悲鳴をあげていた。もう二度と食べるもんか。心の中で繰り返していた。私の率直な思いを伝えると笑いながら、こう優しく気を使ってくれた。

「私も最初、先輩に教えてもらったんです。もちろん、当時は運動をやっていたし、食べ盛りだったので注文は大ですよ。とんでもない量で驚きました。最初、全然食べることができなくてね。ノックアウトですよ。なんだか悔しくて。一週間ほど経って、一人で行って完食したんです。それがとても嬉しかったんです」

そう言って笑う日向さんの気持ちが分かるような気がした。今度、二郎を食べる時は、前日から体調の万全を期して臨むに違いない。というのも、二郎を食べた今、満腹感もさることながら精神的にやられている。到底、動く気力がない。けれども「今度こそは」と思う自分がいるのだ。

「唯一無二ってすごいじゃないですか。もう、おいしいとかマズイとか関係ないんです。あれはラーメンじゃないと言われても、『だから何？』って思える。嬉しいのは自分以外にもそう思う、言わば同志がいるということ。大雨の日にもできる行列を眺めているだけで、凄く心強いんです」

二郎のことを話し出すと日向さんは止まらない。これまでの人生で二郎にどれだけ世話になったのか。励まされたのか。やがて、その話は自分の「仕事論」にまで及んだ。

「自分はタクシー界の二郎にならないといけないと思うんです。例えば、一〇〇台のタクシーがあって、もう一回、乗りたいと思えるタクシーって何台ありますか？　道に詳しい。接客が丁寧。そんなことは当たり前。他のタクシーにはない唯一無二の何かがないと、私たち個人タクシーはお客様に選んでもらえない」

日向さんは一〇〇台のタクシーの中で、もう一回、乗りたいと積極的に思えるタクシーは一台か、二台だと断言する。もともと企業戦士として丸の内で働いていた日向さんは、三十二歳の時に体を壊し、タクシーの運転手に転職した。人見知りの性格で最初は一日の上がりも悪かった。収入も安定せず、それが原因で離婚したそうだ。そんな人生の憂き目にも二郎に通った。二郎はいつも変わらなかった。

「昔はラーメン大。剣道部ではチョモランマと呼んでいました。あの山に必死に食らいついたもんですよ。けれども今はラーメン小が限界。それでも完食できる。いつまでこの山に登ることができるか分からないけど、自分の胃袋が耐えられる間は登頂しようと思います」

二郎はラーメンにあらず。二郎は二郎なのである。ベテランタクシードライバーの日向さんは、今日も東京のどこかを走っている。一〇〇台の中の一台を目指して。

現代の寄せ場「ファミレス」の人間模様

東京郊外の幹線道路沿いの風景

東京都心の西側の縁を、板橋から品川まで貫く東京都道三一七号・環状六号線。通称「山手《やまて》通り」と呼ばれるこの幹線道路は、その外縁を同じく走る環状七号線（通称・カンナナ）、環状八号線（カンパチ）と並んで、東京の交通と物流の大動脈となっている。上りと下り、都合四車線。早朝からひっきりなしに長距離トラックやタクシー。コロナ禍では都心へと通勤する個人の乗用車も加わって渋滞の列を作る。道路の両脇には高層マンションも建ち並んでいて、風の強い日などは車輪が巻き上げた埃や粉塵が道路の上空に舞い上がり、騒音と共に周囲に暮らす人々の生活を脅かしている。

思い出せば一九八〇年代後半から九〇年代にかけて、テレビ番組で一躍有名になった「ラーメン戦争」は、これら東京郊外の環状線沿いのラーメン屋が舞台だった。その代表格が環七の羽根《はね》木《ぎ》交差点にあった「なんでんかんでん」という豚骨ラーメン店だった。

この店には格別な思い入れがある。私が通ったのは九〇年代後半。ラーメン戦争勃発の一〇年後だ。当時、駆け出しのライターだった私は、先輩ライターや同業者と、週末になると下北沢で飲んでいた。一人前に飯も食えない時代。夜の八時、九時頃、適当に目当ての店に集まっては、

ファミリーレストラン「ガスト」のお一人様専用席

そこから終電まで飲んで、食って、騒いだ。

飲み会の締めは「なんでんかんでん」と決まっていた。下北から羽根木を目指す。タクシーに乗る日もあれば、住宅街をさまよいながら歩くこともあった。下北と羽根木の距離は二キロ程度。適当に歩いても「環七」までたどりつけば、あとは何とかなる。と言っても、深夜の下北の高級住宅地はひっそりとしていて、どこか寂しげな雰囲気が漂っていた。だから、やがて遠くに環七の喧噪と明かりが見えてくると気持ちが緩んだ。そして、さっきまではちきれんばかりだった胃袋が落ち着き、再び食欲が湧いてくるから不思議だった。

飲んべえの間で環七は「大河」の異名で呼ばれていた。誤って横断歩道ではない場所で車線を横断し、そのまま帰らぬ人になった人もいる。酔っ払いには、幹線道路を横断するのも命がけなのだ。

いつ出かけても「なんでんかんでん」は煌々と明かりをともしていた。注文はいつも「ラーメンバリカタ」。幹線道路を背に丼と向き合うのだが、けたたましいスピードでトラックが行き過ぎる度に、店がグラリと揺れた。轟音の中で食べる豚骨ラーメンは妙に旨かった。私たちは競い合うようにして「替え玉」を連発した。正直、酒も回っていたので味は覚えていない。そして毎回、店を出て別れて以降の記憶がぷっつりと途切れるのがお約束だった。

翌日、気がつくと汗と豚骨のラードの臭いが染みついた洋服のまま、友人宅のソファーで昼を迎えた。毎度のように胃が重く、吐き気を催した。二度と替え玉はしない。その時はそう思うのだけれども、結局、翌週もまたいつか来た道をたどってしまう。

寂寥感が漂う年の瀬のファミレス

思い返してみると、あの当時、環七のラーメン店は労働者のための、いわゆる「寄せ場飯」を提供していた。飲み会の「締め」目的の若者らもいたが、ほとんどの客が長距離トラックやタクシーの運転手など夜勤の労働者だった。今でこそ女性が一人でラーメンをする姿が当たり前だが、当時、特に夜間の店内はむさ苦しい男連中で埋め尽くされていた。

こうした幹線道路には「なんでんかんでん」以外も個人営業のラーメン屋や食堂があった。駐車場のある店舗もあったが、ほとんどの車が道路に横付けしていた。店によっては食事をオーダーする時の暗黙のルールが存在していて、どの店も気兼ねなく作業着姿での食事が許されていた。

当時からそんな個人経営の店に交じって、いわゆるファミリーレストランやファーストフードの店も進出を始めていた。深夜にこうした幹線道路を走ると、道路の両脇には大小様々、色とりどりの賑やかな看板が、まるで見世物小屋のように続いていた。その多くが「ファミリー」を意識したエンターテインメントを重視した店だった。

あれから四半世紀――。現在も深夜トラックやタクシーは環状線を疾走しているが、かつての「寄せ場飯」を形成していた個人経営のラーメン店や食堂は激減。ファミリーレストランやファーストフード店は健在に見えるが、その実態は以前とは大きく変わっている。

二〇二一年十二月二十八日午後十時。およそ七、八〇人は入ろうかという大箱のファミリーレストランは閑散としていた。午後八時過ぎまでは、窓際のテーブル席は家族連れやカップルで埋まっていたが、午後九時を過ぎると客足は潮が引くように途絶えていった。残った客は七人。二十代の若者が二人、五十代と思しき男性が三人、女性が二人。いずれも一人客だ。

喫煙席側に座る女性は毛皮らしきコートを羽織っていた。しかし、足元は運動靴で全体的にちぐはぐな格好をしている。注文した和定食を一時間以上かけて食べている。ドリンクバーで時間を潰している若者は、ひたすらケータイをいじっている。身なり格好から学生ではないようだ。誰かと待ち合わせをしている風でもない。もしかすると仕事を探しているのか。窓の外は寒い。幹線道路にテールランプの列はない。年の瀬のしかも真夜中なのだ。

私はかつて寄せ場の飯屋で聞いた「めしやは孤独の吹きだまり」という言葉を思い出していた。ここはドヤ街の一角ではない。しかし、この場所に集う人々の背中には、あの寄せ場のドヤ街で暮らす人々が醸す孤独と寂寥感を感じる。

家族団欒の場から一人客が集う空間へ

ここで日本におけるファミリーレストランの歴史を振り返る。一九六四年の東京オリンピックを契機に、日本国民の所得は高度経済成長の波に乗って増大した。その六年後、一九七〇年。日本の外食産業は転換期を迎える。きっかけは大阪で開催された「日本万国博覧会（大阪万博）」だ。会場には「米国」「フランス」「イタリア」など世界のレストランが一堂に会し、その魅惑の味を求める市民が、連日、長蛇の列を作った。中でもロイヤル（現・ロイヤルホールディングス。ファミリーレストランの大手ロイヤルホストを展開）が手がけたアメリカ館は、その運営に投入された従業員数は他国のおよそ半分以下にもかかわらず、大阪万博に出展した飲食事業者では最大の売上と利益を上げ、飲食業界だけでなく経済界をも驚愕させた。

この時、ロイヤルが持ち込んだのが「セントラルキッチン方式」だ。時間と技術を要する仕込みはレシピを基に完全にマニュアル化。店舗では簡単な仕上げ調理と盛り付けをするだけ。それまでの飲食業界では考えられなかった製造・流通の革命によって、高品質の食事を大量に提供できる時代に突入したのだ。こうして日本中にファミリーレストランや、マクドナルドといったファーストフード店が誕生。一九七〇年は日本における「外食産業の夜明けの年」と呼ばれている。

当時、ファミリーレストランはその名前の通り、家族団欒の憩いの場所だった。幹線道路沿いのアメリカンテイストのレストランには、休日に自家用車で出かけるのが定番だった。チキンライスに世界の国旗が飾られた「お子様ランチ」は、いわゆる団塊ジュニア世代にとって外食の象徴だった。店内の喧噪はそのまま、昭和という時代の日本の「幸福」を体現していた。

あれから五〇年。その風景は大きく変わってしまった。家族づれで賑わうのは休日の昼が中心。それ以外の時間は圧倒的に一人客だ。世相を反映し、区切られた「お一人様専用席」がズラリと用意されている。そして、深夜は都会に暮らし、寄る辺のない孤独な人々の居場所になっている。そこは日雇い労働者が集まる「寄せ場」でこそないが、まさに少子高齢化、核家族化の果てに孤独、孤立した人々が集まる「寄せ場的空間」なのだ。その皮肉と残酷さに一瞬、深く考え込んでしまった。

ファミリーレストランをめぐる大きな変化の一つが「二十四時間営業の廃止」だ。やはり、団塊ジュニア世代の私たちにとって、ファミリーレストランは「ドリンクバーで朝まで友人とおしゃべりして過ごす」場所で、それが当たり前だった。しかし、数年前から続々と二十四時間営業を廃止する店が相次いでいる。現在、深夜の幹線道路を走っても、かつての見世物小屋のような色とりどりの看板やネオンはない。

以前、取材で知り合った大手外食産業で働く役員にその理由を聞いた。すると表向きの理由は二〇一九年に施行された「働き方改革」だという。

「従業員の働く環境の整備という名目ですが、深刻なのは深夜に働く従業員の確保です。追い打ちをかけたのはコロナ。学生のアルバイトも激減したし、労働力として頼りにしていた外国人留学生も来ない。そもそも、深夜の客足が戻るかは先行き不透明です」

ワンオペとウーバーイーツ

従業員が閉店を知らせる午後十一時。残っていた客が、一人、また一人と店を後にする。彼らはどこに向かうのだろうか。

実はこのファミリーレストランの並びに大手牛丼チェーン店がある。こちらもラストオーダーは午後十一時だ。閉店までの三〇分。こちらの店は一気に忙しくなる。

午後十時四十分に駆け込んできたのは、ウーバーイーツのアルバイト。バイクのナンバープレートを見ると「八王子」とある。東京の郊外に位置する八王子とこの山手通り近くの店とは四〇・以上も離れている。分厚いダウンジャケットと毛糸の帽子を深々とかぶっていたので分からなかったが、五十代近い男性だった。注文後、店内のカウンターで牛丼の大盛りを一気呵成に掻き込む。

私は少し離れたテーブル席から、その様子を観察していたが、改めて店内を俯瞰するとあることに気がつく。まず、牛丼のオーダーから調理まで、一人のアジア人のアルバイト男性がやっているということ。いわゆる「ワンオペ」だ。だからだろう。カウンターの随所に、牛丼を食べた後の空っぽの食器が無造作にそのままになっている。テーブルもそうだ。厨房の中もお世辞にも整理整頓されているとは言えず、見ているだけで気持ちが暗くなる。閉店間際、続々と客がやってくる。まもなく正月だというのに、新しい年を迎える華やぎは感じられない。年の瀬は「家族」と縁のない者にとって、孤独が身に染みる辛い季節だ。

今や貧困の連鎖や無縁状態の人々は、社会全体の様々な場所で拡大し、常態化しつつあるように見える。決して彼らはホームレスではないし、路上生活を送っている訳でもない。無論、この周辺に山谷や釜ヶ崎のようなドヤ街はない。しかし、バブル崩壊後の三〇年という時間を経て、幹線道路沿いのファミリーレストランやファーストフード店が、ある意味で現代の「寄せ場的空間」を構築している。社会が路上に追いついた――。ある困窮者支援を行う社会福祉法人の代表はこの現状をそう語った。

正月明けのある日、また同じ時刻にあのファミリーレストランを覗いてみた。やはり、今日も数人の一人客がいた。そして、並びの牛丼チェーン店。なんと「一時休業」の貼り紙がだしてあった。理由は「従業員がコロナ感染」。あのアジア人の彼だろうか。しばらく営業は見合わせるという。幹線道路を照らす長距離トラックのテールランプが、悲喜こもごもの人間模様を照らし出している。

中山道で食す真夜中の立ち食いそば

東京そのものが寄せ場的社会

二〇一九年に始まった本連載「寄せ場のグルメ」が、いよいよ最終回を迎える。改めて振り返ってみると、東京を中心に東西南北縦横斜め、毎月、毎月、実によく食べて歩いたものだ。おかげで体重はこの三年で一〇キロ近く増えた。

この連載を思いついたのは、東京最大のドヤ街の一角にある酒場だった。「山谷」以外の「寿町（横浜）」「西成（大阪）」などの「寄せ場」に暮らす日雇い労働者が、どこで何を食べているのかを記録しようという趣旨だった。

しかし、考えてみるとバブル崩壊後の日本社会は、派遣労働、アルバイト、パートなど、雇用の形態は様々あれど、確実に非正規雇用の労働市場が拡大。最低賃金はおろか、実質賃金そのものは下がり続け、富裕層と貧困層の格差は開く一方だ。つまり、私は社会全体が「寄せ場化」していると考えたのだ。そこで、この連載では特定の場所としての寄せ場はもちろん、現代社会で働く広い意味での労働者らがいったい何を食べているのか、という広義の視点で取材を進めてきた。だからこそ、今やファーストフードの代名詞である「牛丼」も、深夜労働の現場の一つであ

「そばひろ」の天ぷらそばとカレーライスのセット

るファミリーレストランも、私にしてみれば「現代の寄せ場」を垣間見る現場だった。グルメというタイトルをつけてはみたものの、それはミシュランガイドや食べログなど、皿の上の食事を格付けし、情報として消費する薄っぺらいグルメ論とは当然、一線を画す連載となった。

寄せ場社会には「飯屋は孤独の吹きだまり」という言葉がある。本連載で取り上げてきた店の多くは、「早い、安い、旨い」の三拍子はもちろんだが、友人や家族ら大勢でワイワイやれる店はほとんどない。どちらかといえば、一人でもふらりと店に入って、なおかつ静かに食事にありつける店ばかりだった。そういう店には、必ずと言っていいほど「偏屈で寡黙な親父」、もしくは「強面の女将」がいて、客の一挙手一投足を凝視しているものだ。

ピリッと張り詰めた空気、完全に差配されたアウェーの空間。ある種の緊張の中で、飲んだり、食ったりすることを、安易に窮屈と考えてはならない。私は繰り返し、このことを書いてきた。確かにそうした親父や女将は、いっけん口が悪く、ぶっきらぼうで、とくに初めての客には冷たい。サービスなどの概念が全く通用しない世界だ。しかし、そこに意味がある。

もともと、ドヤなどに暮らす高齢の労働者は単身世帯が多く、またそれぞれ口にはできない複雑な過去を持ち合わせている。彼らは家族や友人などの煩わしい人間関係のしがらみを捨て、寄せ場で生きることを決めたのだ。そもそも狩猟採集の時代から、「食べる」という行為は家族や友人らと、食べ物を分かち合い、一日の終わりに、火をくべたかまどを囲み、その日の狩猟の成果について語り合う、いわば家族単位の「団欒」と深い関わりがある。だからこそ余計に、寄せ場で暮らす者にとって、日々の飯を食べる場所が、孤独の吹きだまりに思えてしまうのだ。

つまり、あの偏屈で頑固な親父、女将らは、団欒とは無縁の「個」として生きる人々の生存権を守ろうと必死なのだ。彼らの一日の疲れを癒やし、つかの間の安堵にふけるその空間を、自分が悪役になることをいとわず、全力で守ろうとしているのだ。

そう分かった時、無性に彼らの存在が尊く、愛おしく思えるようになった。作家ヘンリー・ミラーではないが「そこに神はいた」のだ。そして、しばらく通っていると、こんなにも居心地のよい空間は他にないとさえ思える、私の居場所となった。

かつて寄せ場でなくとも、こうした誰もが一個人として、安心して食事にありつける店は、東京のあらゆる場所にあった。新宿歌舞伎町の繁華街、新橋のガード下、赤羽や五反田の猥雑な路地、観光客で溢れかえる浅草の仲見世《なかみせ》……。雑踏、路地裏、場末の酒場。都市生活に疲れた者が、ふらりと潜り込める安堵の場所がいくつもあった。東京の個人相手の店の多くは、「寄せ場的」な空気に包まれていた。

考えてみると、東京は全国から仕事を求めてやってきた人々で構成されている。大げさにいえば、東京という大都市そのものが、寄せ場的な社会そのものなのだ。都市は群衆の集合体であるが、だからこそ、他人のことなど気にもかけない「無関心」が存在していて、個人のプライバシーを曖昧なものにしている。だからいいのだ。群衆の中の孤独。これもまた本連載のテーマだった。

深夜二時に中山道の「そばひろ」へ

さて、本連載の最後を飾る店は何か考えたのだが、正直、難航した。おそらく、最も多く取り上げたのが「焼肉」「ホルモン」ではなかっただろうか。こうした食べ物が日本社会に定着する歴史的過程を探りながら、改めて日本近代史、とくに太平洋戦争と寄せ場社会は切っても切れない関係にあることを再確認した。

さて、何を取り上げようか。考えあぐねていた時、ふと腹が減った。時計の針を見ると深夜二時。そう、深夜労働のトラック運転手やタクシードライバーに愛された、あの店しかない。私は隣にいた友人を誘って、夜の首都高を北に向かった。都心から約二〇分。たどり着いたのは東京と埼玉を隔てる板橋区。そこに、平日の夜十時から朝七時まで営業している、「そばひろ」という屋号の「立ち食いそば」があるのだ。

「はい、お兄さん、生姜天のおそばね」

「こっちは、ソーセージ天のうどん。カレーセット」

今日もそばひろのカウンターは賑やかで忙しい。テキパキと注文をこなす明るい女将さんと、寡黙なご主人。終始、聞こえてくるのは、天ぷらの揚がる心地よい音色。香ばしい匂いも相まって、深夜の空きっ腹にはたまらない。さっそく「天ぷらそば卵入り」を注文する。

そばひろは都営三田線の本蓮沼《もとはすぬま》駅の近くにあり、中山道《なかせんどう》に面している。江戸時代、中山道は江戸と京都を結ぶ交通の要衝で、太平洋に面した海岸線をゆく「海の東海道」に対し、高崎、木曽、近江などの内陸部を経て京都へとたどり着く「山の中山道」と呼ばれた。

そんな交通の要衝である、かつての幹線道路沿いに「そばひろ」はあるのだが、そのたたずまいは、まさにアジアのバザールのようだ。店舗は極小で、立ち食いそばには欠かすことのできないカウンターは、五人、六人が肩を寄せ合えば満杯だ。その代わり、店の前の路上には、木製のテーブルと椅子がおいてある。その様子は香港やバンコクの路上屋台そのものだ。

夜の十時開店から、終電の前後には、仕事帰りのサラリーマン風の中年男性。深夜は肉体労働、ガテン系の労働者。勤務中のタクシー運転手。その合間を縫って、近くに暮らしているサンダル履きの若い世代がジャージ姿でやってくる。

いずれも、カウンターでそばかうどんを注文し、ガラスケースに入った揚げたての天ぷらを選ぶ。春菊天、なす天、白マイタケ天、他にコロッケ、鶏天なども ある。ものの数分で手渡される丼は、熱々だ。どんぶりの縁に立てかけられる天ぷらが、異様に食欲をそそる。そばは平打ちでやや太め。出汁はしっかりと醬油の効いた関東風だ。

私は温かいそばを食べる時、自分なりの作法で食べることを徹底している。とくに天ぷらそばは、食べ方が難しい。

まず、どんぶりを手に持って、スープをすする。ひんやりとした夜の空気を背に感じながら、熱々の出汁が喉元から胃袋に落ちてゆく感覚を味わう。そして、次にそば。ちまちま食べない。割り箸で底からたぐって、ズズズーッとやる。すかさず、タマネギの甘さが際立つかき揚げをかぶりとやる。そして、再び、そば。次にスープを飲む。そばの少しモサモサとした食感、野菜の甘み、天ぷらのコク、そば出汁の風味が、口の中で渾然一体となる。半分まで食べたところで、初めて卵に触れる。熱々の出汁で、白身の部分に火が入った卵を、かき揚げの上にのせるようにして崩す。そして、卵とじ状態のかき揚げをがぶりとやって、スープをすする。そして、間髪入れずにそばをすする。丼の中で、味が一変する。その刹那を堪能するのだ。

この頃になると、丼の出汁は半量以下。そばは出汁を含んで柔らかくなり、天ぷらはサクサクの衣の部分がなくなり、クタッとしてくる。しかし、揚げ方がいいので、天ぷらの衣は剥がれない。最後はそば、出汁、ふやけた天ぷらを一緒に食べ、スープを飲み干す。ここまで時間を計ったところ、ものの三分四〇秒だった。

周囲を見渡すと、カレーライス、もしくは、そばとカレーのセットも人気だ。日本でカレー丼なるものが定着したように、カレーとそば出汁の相性は抜群だ。中には強者がいて、カレーの上にコロッケどころか、天ぷらをのっけて食べている客もいる。カレーの味は至って普通だ。味の主張がないからこそ、そば出汁が際立ってくる。カレーに夢中になって、そばを忘れていると、カウンターから「おつゆ、足しましょうか」と声をかけてくれる。その一言の気遣いが、そばを何倍もおいしくさせる薬味なのだ。

個人店を追いつめるコロナ禍と物価高

実は連載の最後に、そばひろを選んだ理由がある。それは、この数年間、日本社会を苦しめている新型コロナと関係がある。実はこの連載で紹介したいくつかの店が、コロナ禍で暖簾を下ろした。疫病が蔓延する最中の幕引きだった。

寄せ場社会で営業する個人店の多くが今、相当、厳しい状態に置かれている。そもそも、歴史ある店の主人、女将の多くは高齢だ。それでも、やってくる客のために店に立ち続けてきた。それが、半ば強制的に営業時間の短縮を命じられた。そして、リモートワークの導入は、働く人の行動、生活様式そのものを変えた。毎日、会社帰りに顔を見せにやってきた常連の姿が見えなくなった。東京の下町の灯も消えた。

廃業を決断した老舗酒場の主人は、こうつぶやいた。

「これまで、東京オリンピックまでは頑張ろう、そう思って店に立ち続けてきました。だから、客が来なくてもそこまでは頑張った。けど、一度、途絶えた客足はそう簡単に戻ってこない。早仕舞いをした時に限って、お客さんが来られて、お互い、申し訳ない空気になる。むしろ、つらいのはオリンピック後でした」

おりからの物価高とウクライナ戦争による小麦などの価格高騰は、いよいよ、こうした個人経営店を追いつめてゆくだろう。だからこそ、今は店が「営業している」だけで尊い存在なのだ。

そばひろは月から金、平日は必ず開いている。都内から中山道をひた走る道中、「今日は開いているかな」とややもすると心細さを感じながら、それでも目印の黄色い看板と、電球に照らし出された路上のテーブルが目に入った時、「今日も食事にありつける」という安堵感に包まれる。店が開いている、その事実だけで満たされる幸福がある。この連載で紹介してきた店は、そうした「営業をしているだけで安堵する」、そんな感慨が詰まった店ばかりなのだ。

食べるという行為は、「食べる喜びと、食べなくては生きていけない辛さ」を内包している。食べるという行為が人間にとってどんな意味をもつのか。あなたの街の酒場で、飯屋で、喫茶店で、ホルモン屋で、時には一人になって確かめてほしい。最後に詩人、清水哲男さんが書いた詩を紹介して、この連載を結ぶとする。

「赤提灯の楽しさとは、人間に触れる楽しさである。と同時に、人間に触れない楽しさである」

あとがき

忘れられない記憶がある。今から四半世紀前、無名の駆け出しのライターだった私は、来る日も来る日も、自分が考えた企画を売り込もうと、雑誌の編集部の門を叩く日々が続いていた。しかし、無名のどこの馬の骨かも分からない若造が持ち込んだ企画だ。そのほとんどがボツになり、悔しい思いをする日々が続いた。そんな私が、初めてある雑誌の編集長から「依頼」された仕事が、本書に登場した南千住「尾花」の取材だった。想像していなかった逆指名に飛び上がって喜んだのを覚えている。

ただ当時の私は尾花のある「山谷」が、どんな場所か何も知らなかった。だから、南千住の改札を降りた瞬間、本当に面食らってしまった。平日の昼間だというのに、カップ酒を豪快に呷っている中年男性。泥酔して地べたに這いつくばって動かない高齢の野宿者。そして、電信柱に頭を叩きつけながら奇声をあげている老人など、ただならぬ風景がそこに広がっていた。それ以上に買い物帰りの母親らしき女性や、近くの交番の若い警官官が、素知らぬ顔で彼らの脇を平然と通り過ぎていくことに驚いた。この場所が東京最大の寄せ場の入り口だということを知るのは、ずっと後になってからである。

その日は夏の土用を前に汗ばむ陽気で、店の軒先には暖簾があがる前から行列が出来ていた。二〇分ほど並ぶと自分の名前が呼ばれた。尾花は今でこそ畳敷きの大広間に椅子席だが、当時は昔ながらの入れ込み座敷だった。初めての私は何を食べて良いか分からず、隣に座った恰幅のいい、いかにも食いしん坊な男性客の注文をそのまま伝えた。

「うざくと焼き鳥。冷酒を一本。あとはうな重の梅をひとつ。肝吸いをつけて」

年季の入ったどっしりとした日本家屋は、隅々にまで掃除が行き届いていて見事なまでに清潔だった。うざくと焼き鳥を肴に冷酒をチビリとやる時間がたまらなかった。庭の立派な銀杏と桜の木からは蝉時雨。ゆるりとした時間が流れてゆく。

やがて半刻ほどが経過した時、塗りのお重が運ばれてきた。蓋を開けるとそれは見事な鰻の蒲焼きが御飯の上に鎮座していた。焼きムラはおろか、焦げ目ひとつないその美しさといったらない。何より感動したのは、箸で持ち上げようとするとホロリと崩れてしまう程、柔らかく蒸された鰻の食感だった。無論、御飯も炊きたてである。私はそんな〝ふわとろ〟の鰻の載ったお重を一気呵成に平らげた。鰻といえば九州の地焼き、しかも本物の鰻を食べた経験のなかった私にとって、尾花のそれは、世の中にこんな旨いものがあるのか、と鰻の旨さに開眼した経験だった。

しかし、実は大きな落とし穴が待ち受けていたのだ。帰り際、尾帳場の女性に取材を申し込むと、けんもほろろにぴしゃりと取材拒否。あれこれ理屈をつけて粘っても箸にも棒にもかからない。その事実を電話で編集長に告げるとカミナリが落ちた。

「取材のオッケーが出るまで帰ってくるな」

その時点で原稿の〆切は数日後だった。このままでは雑誌に「穴を空ける」かもしれない。その時の暗澹たる気持ちは今思い出しても鼻の奥がツンッとする。店を背にして肩を落とし、駅に向かってトボトボと歩き出す。尾花の並びにはドヤ（簡易宿泊所）があって軒先では、住人らが缶ビール片手に宴会の真最中。その中のやけにひょうきんなおじさんが、私にむかっておいでおいでをする。

「どうしたんだ青年、そんなに暗い顔してどこに行くんだ？」

おじさんはそう言いたかったのかもしれない。当然、そんな気持ちにはなれなかった私は、その誘いを無視して全力でその場から逃げるように立ち去った。

息を切らして南千住駅に戻ると、駅員の中年男性が階段の掃除をしていた。駅の構内はやはり暗く、汚く、ゴミが散乱していた。何げなく声をかけると、その駅員も尾花のことを知っていて、こんな話をしてくれた。

「来週の土用はねぇ。関東一円から鰻を食べにいらっしゃるんですよ。普段は、ほとんど人の降りない駅ですがね、土用だけは駅員にとっても特別な日なんです」

そして、その男性はこう続けた。

「ホームから改札口へと続く階段の手すり。あれがね、あまりにも人が多いもんだから、磨いたようにピカピカになるんです。年配の人がね、我先に鰻にありつきたいと階段で降りられる。中には、その日だけ病院を抜け出して、朝から来られる人もいる。そこまでして東京の人は尾花の鰻を食べたいんです」

この話を聞いた時、何かがピカッと光った。目の前を覆う灰色の厚雲が空の彼方に消え、一気に視界が開けてゆく錯覚を覚えた。私はすぐに自宅に戻り、一気に原稿を書き上げた。取材拒否だったので、店名は「O」とした。短い原稿だったが、他の店紹介の記事と峻別するために、囲みのエッセイ風の記事になった。あの「ピカピカの手すり」は、いかに尾花が鰻愛好家にとって特別な店なのかを示す、これ以外にないエピソードだったと編集長に褒められた。

その数週間後、私は再び、友人を連れ立って尾花へ行った。すると、あのひょうきんのおじちゃんが、同じ場所で宴会をしていた。私は近くの「浪花屋」で鯛焼きを買って差し入れをした。今度は向こうが、鳩が豆鉄砲くらった顔をしていたが……。

この取材を契機に、私は山谷の定点観測を始めた。最初はただ街を歩くだけだったが、ドヤ暮らしのおじさんとも顔見知りになり、彼らが水先案内人を買って出てくれたこともあって、よそ者がフラッと入れないような特別な場所でも、飲み食いをさせてもらえるようになった。無論、暴力や差別など人間の暗部をまざまざと見せつけられる瞬間もあった。それでも、私は山谷に代表される寄せ場の取材を通じて、私というパーソナリティーが育まれてゆくことを痛感した。寄せ場は私にとって学校であり、修業の場だった。

最初の頃は、寄せ場における立ち居振る舞いが分からず、自分にとっても決して居心地がいい空間とはいえなかった。それは私を取り巻く寄せ場の住人も同じ思いだったに違いない。ただ四半世紀も通っているうちに、ある意味で私にとってこの場所が「ホーム」と思えるようになってきた。それは私が青春時代を過ごしたあの屋台と山谷はどこかで地続きだったからだと思う。縁が丸くなったコの字のカウンター。木の丸椅子。黒光りした柱や天井。掃き清められた土間……。こうした場所に染みついた懐かしい人間の臭いは、かつて私の体からとれなかったあの強烈なラード臭そのものだった。それは労働者の血と汗の結晶で、人間が生きた証でもある。

山谷の街は、もうこの十数年で消えてなくなってしまうかもしれない。むしろ、少子高齢化、かつて日本人が遭遇したことのない景気低迷で、私たちの暮らす社会そのものが、寄せ場化しつつあるともいえる。路上が社会に追いついた――。そう警鐘を鳴らす人もいる。

しかし、いつの時代も都市の周縁には必ず、寄せ場、そして寄せ場的空間が出現する。そして、そこには必ず労働者の胃袋を掴んで離さない寄せ場飯が生まれるはずだ。そこにはきっと、寡黙で頑固な主人と溌剌した女将さんがいて、そして、時には泣いて、笑って、ケンカする常連客がいるだろう。私も彼らと同じ空間に浸り、腹を満たし、時には下戸でも酒をあおりたい。楽しみは今から尽きない……。

最後にこの本を寄せ場に関わる、全ての労働者に捧げたい。あの街、この街でそんな人々に大変お世話になった。月刊『潮』の連載時から編集の労をとっていただいた、潮出版社の末松光城副編集長に厚くお礼を申し上げる。そして何より、この本に登場していただいた全ての飲食店が、一日も長く続くことを心から祈念して、あとがきとさせていただく。

二〇二三年九月末日

中原一歩

装幀　岡田ひと實（フィールドワーク）
装画　宮野耕治

中原一歩（なかはら・いっぽ）

ノンフィクションライター。1977年佐賀県生まれ。

青春時代、博多の屋台で働きながら執筆活動を開始。

人物ノンフィクションや食をテーマに取材を続ける。

著書に『小林カツ代伝　私が死んでもレシピは残る』『最後の職人　池波正太郎が愛した近藤文夫』『マグロの最高峰』『「㐂寿司」のすべて。』など。

寄せ場のグルメ

2023年10月31日　初版発行

著者……………中原一歩
発行者…………南　晋三
発行所…………株式会社　潮出版社
〒102-8110　東京都千代田区一番町6　一番町SQUARE
03-3230-0781（編集）　03-3230-0741（営業）
振替口座………00150-5-61090
印刷・製本……株式会社暁印刷

ISBN978-4-267-02384-2 C0095

◆潮出版社の好評既刊

負けない人生

古川智映子

夫の裏切り、次々襲う病気の宿業。友人からは〝日本一不幸な女〟と呼ばれた。そんなどん底の人生が、人との出会いと師匠からの励ましで、一八〇度の転換を――。

亀甲獣骨

蒼天有眼　雲ぞ見ゆ

山本一力

舞台は清代末期の中国。「竜骨」に刻まれた文字のようなものをめぐる謎の数々。はたして〝幻の王朝〟は存在するのか？　中華文明の謎に迫る著者初の中国時代小説！

グローバル政治都市

ケント・E・カルダー

世界は国家から「都市」の時代へ。地球規模の課題解決と国際社会進展のカギを握るのは、東京を含めた「グローバル都市」だ。アメリカを代表する知性による最新論考。

ブギの女王・笠置シヅ子

砂古口早苗

〝ブギの女王〟誕生秘話や、戦後歌謡界の第一人者・服部良一との出会い、大スター美空ひばりとの因縁、映画女優としての第二の人生――。朝ドラ『ブギウギ』の原案本！

覇王の神殿《ごうどの》

日本を造った男・蘇我馬子

伊東潤

時は飛鳥時代。蘇我馬子は推古天皇、聖徳太子らとともに政敵を打倒しながら仏教を基盤とした理想の国造りに邁進していく。日本屈指の〝悪役〟の実像に迫る人間ドラマ。